STRAEON CYN CINIO 2019

Chwedlau Dyffryn Conwy

Argraffiad cyntaf: 2019

Dymuna'r cyhoeddwyr gydnabod cymorth ariannol
Cyngor Llyfrau Cymru

Cynllun y clawr: Y Lolfa

Rhif Llyfr Rhyngwladol: 978 1 78461 761 5

Cyhoeddwyd, rhwymwyd ac argraffwyd yng Nghymru gan
Y Lolfa Cyf., Talybont, Ceredigion SY24 5HE
gwefan www.ylolfa.com
e-bost ylolfa@ylolfa.com
ffôn 01970 832 304
ffacs 832 782

Rhagair

Mae dalgylch Eisteddfod Genedlaethol Sir Conwy yn llawn chwedloniaeth. Ceir ym mhob bro ryw hanesyn neu ddirgelwch am rywun neu rywbeth sy'n rhan o'i hunaniaeth. Trosglwyddwyd rhai ohonyn nhw ar gof o'r cynoesau niwlog, tra bod tarddiad y lleill yn fwy diweddar. Does neb yn poeni os gwir neu ddychmygol eu cefndir, mae'r chwedlau yma'n fyw ac yn werth eu hadrodd.

Pa ddewis gwell felly ar gyfer y sesiynau 'Stori Cyn Cinio' yn y Babell Lên eleni na chyflwyno rhai o'r chwedlau hyn i bawb eu mwynhau? Diolch o galon i'r awduron bob un am ddal rhyfeddod y chwedlau a'u trosglwyddo mor gofiadwy. Crefft draddodiadol i'w pharhau a'i meithrin ydi dawn y cyfarwydd i hudo cynulleidfa i ganol y stori, boed ar lafar neu ar bapur. Ein braint ni ydi cael mwynhau'r ddau gyfrwng. Cawn gyfle i wrando ar y cyflwynwyr medrus yn y Babell Lên yn ystod yr wythnos, a dyma gasglu'r chwedlau, wyth ohonyn nhw, ynghyd mewn trysor o gyfrol raenus i'w darllen wedyn.

Mwynhewch ddwywaith!

Diolchiadau

Ar ran aelodau Pwyllgor Gwaith Eisteddfod Genedlaethol Sir Conwy 2019, hoffwn ddiolch yn gynnes iawn i bawb a gyfrannodd at gyhoeddi'r gyfrol arbennig hon:

i aelodau'r Pwyllgor Llenyddiaeth lleol am thema gynhyrfus;

i'r awduron am droi honno'n becyn o straeon amrywiol eu harddull arbennig iawn: Eigra Lewis Roberts, Ceri Elen, Sian Rees, Catherine Aran, Criw Sgwennu Bys a Bawd (Ceri Wyn Davies, Glenys Tudor Davies, Margiad Davies, Iona Evans, Delyth Wyn Jones, Dwynwen Berry), Eiddwen Jones, Beryl Steeden Jones a John Ffrancon Griffith;

i Meleri Wyn James a Robat Trefor am gydlynu a golygu'r gyfrol, ac i'r Lolfa am ei diwyg hardd;

i Gyngor Llyfrau Cymru am ei noddi yn hael;

ac i Elen Ellis, Trefnydd a Phennaeth Artistig yr Eisteddfod am ei gweledigaeth a'i hanogaeth, ei dawn perswâd a'i hegni, er mwyn inni allu gwireddu'r cyfan.

Ac yn bersonol, hoffwn ddiolch o waelod calon i'm cyd-aelodau ar y Pwyllgor Llenyddiaeth lleol am eu brwdfrydedd, eu bwrlwm o syniadau a'u teyrngarwch dros ddwy flynedd eiddgar o bwyllgora a pharatoi.

Rhys Dafis
Cadeirydd y Pwyllgor Llenyddiaeth lleol,
Eisteddfod Sir Conwy 2019

Cynnwys

Catrin o Ferain

EIGRA LEWIS ROBERTS

D YDW I DDIM AM fy nghyflwyno fy hun i chi. Byddai
gorfod gwneud hynny'n sarhad ar un sydd â gwaed
y Tuduriaid yn llifo drwy'i gwythiennau. Roedd fy nhaid,
Syr Roland de Velville, yn fab gordderch i'r Harri Tudur a
enillodd y frwydr a'r goron ar faes Bosworth. Hwn oedd y
'gŵr darogan' y bu'r Cymry'n dyheu amdano, yr un oedd
yn mynd i'w gwaredu o ormes dwy ganrif. I Syr Francis
Bacon, ef oedd Solomon Lloegr. Cafodd ei feirniadu'n
hallt gan ambell un, a'i alw'n gybudd oherwydd ei awydd
am arian. Ond gwyddai Harri Tudur na all yr un deyrnas
lwyddo dan frenin tlawd. Iddo ef, arwydd o ddoethineb
oedd cadw ei goffrau'n llawn. Rwy'n falch o allu dweud fy
mod i, fel ei orwyres, wedi etifeddu'r doethineb hwnnw.

Yn 1556, ro'n i'n berchen ar fil o aceri ym Môn a phedair
mil o aceri stad Berain, Sir Ddinbych. I aeres gyfoethog dwy
ar hugain oed nid oedd ond dau ddewis – priodi neu fynd
yn lleian. Roedd hyd yn oed meddwl am fy nghaethiwo
fy hun mewn lleiandy am weddill fy oes yn hunllef. Sut y
gallai un o linach y Tuduriaid gefnu ar fyd oedd â chymaint

9

i'w gynnig? Ond fu dim rhaid i mi boeni am hynny gan fod teulu Salsbri Lleweni wedi trefnu priodas rhwng Siôn Salsbri a minnau pan nad oedden ni ond plant.

Mi wyddwn i gystal â neb mor bwysig oedd parhau llinach deuluol ond nid peth hawdd oedd gorfod gadael Berain a symud i Blas Lleweni at Syr John a Dâm Salsbri er mwyn cynefino â'u ffordd o fyw. Sylweddolais, o'r dechrau, fod fy narpar fam yng nghyfraith yn un oedd wedi arfer cael ei ffordd ei hun a bod yn rhaid i mi gamu'n ofalus. Ni fu'r un gair croes rhyngom yn ystod y naw mlynedd y bu Siôn a minnau'n briod er i mi orfod brathu fy nhafod sawl tro. Rwy'n credu i'r ddau ŵyr bach, Thomas a John, fod o gysur mawr iddi yn ei hiraeth am ei mab.

Gwyddai hi'n dda na fyddai merch gyfoethog fel fi, oedd yn berchen ar diroedd a thai, yn aros yn weddw ond am gyfnod byr. Ond go brin ei bod yn cymeradwyo fy newis o ail ŵr, petai ots am hynny. Er ei fod yn un o'r dynion cyfoethocaf ym Mhrydain, nid oedd Richard Clough, mab i wneuthurwr menig o Ddinbych, o statws teulu Salsbri. Byddai pobol yr ardal yn arfer dweud am un a ddaeth i arian mawr, 'Ef a aeth yn Clough'. Cyfeiriodd Humphrey Llwyd, yr hynafiaethydd a'r mapiwr ac un o wŷr pwysicaf cyfnod y Dadeni ato fel 'the complete man, from rags to riches'. Mi fyddwn i'n fwy na pharod i gytuno â hynny.

Fy awydd am antur a chael gweld y byd a barodd i mi ei dderbyn yn ŵr, ac ni chefais fy siomi. Er cyn lleied o amser a gawsom gyda'n gilydd, mor wahanol oedd y bywyd hwnnw i'r hen fywyd ym Merain a Lleweni. Asiant masnachol yn Antwerp oedd Richard ac ef roddodd gychwyn i'r Gyfnewidfa Frenhinol yn Llundain. Roedd hefyd yn gweithio fel asiant gwleidyddol i'r Frenhines Elisabeth, fy nghyfyrder. Honnai rhai ei fod yn ysbïwr ar ei rhan er na wyddwn i mo hynny ar y pryd, ac ni fyddai wedi gwneud iod o wahaniaeth pe bawn i'n gwybod. Oherwydd iddo fynd ar bererindod i Gaersalem, cafodd ei urddo'n Farchog o'r Beddrod Sanctaidd. Nid oedd dim a safai yn ffordd fy Syr Clwch i.

Am nad oedd gen i, fel gwraig, unrhyw hawl gwarchodol dros fy mhlant, gadewais y ddau fach yn Lleweni o dan lygad barcud Dâm Siân a dilyn Richard i'r Iseldiroedd. Wedi'r cyfan, ro'n i wedi gwneud fy nyletswydd ac wedi sicrhau parhad y llinach. Roedd gofyn i ni ddychwelyd o Antwerp bob hyn a hyn gan fod fy ngŵr yn awyddus i adeiladu dau dŷ yn ardal Dinbych. Bach y Graig a Phlas Clough oedd y tai brics cyntaf i gael eu codi yng Nghymru. Tybed a oedd Richard yn ymwybodol o'r storïau celwyddog a daenwyd ar led ei fod yn cydweithio â'r diafol ac mai dyna pam y gorffennwyd y gwaith mewn amser mor fyr? Bu hynny'n destun difyrrwch i'r morynion. Gallwn eu clywed yn sibrwd ymysg ei gilydd pan ddylent fod wrth eu gorchwyl. Roedd y meistr, yn ôl yr eneth a arbedais i o'r carchar, wedi gwerthu ei enaid i Satan ac yn defnyddio'r ystafell ddi-ffenestr yn nhop y tŷ i gysylltu â hwnnw yn oriau'r nos. Penderfynu ei hanwybyddu wnes i a gadael i Richard fwynhau astudio'r sêr yn yr ystafell fach yn y tŵr. Ond hyd yn oed petai'n ymwybodol o'r celwyddau, ni fyddai hynny wedi poeni dim arno, mwy nag arna i. Roedden ni'n dau uwchlaw cleber o'r fath.

Pan oeddem yn Antwerp, cynigiodd Richard gomisiwn hael i Adriaen van Cronenburgh, arlunydd o ogledd yr Iseldiroedd, am baentio darlun ohonof. Nid oeddwn yn siŵr beth i'w feddwl ohono. O ystyried fy osgo defosiynol a duwiol, roeddwn yn debycach i leian nag i foneddiges, er na fyddai gan yr un leian y fath gyflenwad o emwaith. Ond roedd y croen gwelw yn fy mhlesio, am ei fod yn arwydd o harddwch a chyfoeth. Ro'n i, fel y frenhines Elisabeth, yn hoff o golur gwynnu, er ei bod hi'n dueddol o'i orddefnyddio. Gyda llyfr gweddi yn fy llaw dde a'm llaw chwith yn gorffwyso ar benglog, ceisiais ganolbwyntio ar faterion ysbrydol a breuder bywyd, ond, a minnau mor hapus fy myd, nid oedd hynny'n hawdd. Rydw i'n cofio i mi gael fy nhemtio i wenu ar un adeg ond gwyddwn, o brofiad, sut i'm haddasu fy hun ar gyfer pob achlysur. Roedd y darlun yn plesio Dâm Siân, fodd bynnag, gan ei bod hi'n credu mai gwallt ei Siôn hi oedd yn y loced fach. Boed anwybod yn obaith.

Yn Hamburgh yr oedden ni pan fu Richard farw. Rydw i'n amau iddo gael ei wenwyno oherwydd ei gysylltiad â'r frenhines. Cipiwyd yr hapusrwydd oddi arnaf pan gollais un oedd yn bopeth i mi; un na allai neb, byth, gymryd ei le. Gan ei fod wedi gadael ei ffortiwn i mi, ro'n i'n berchen ar fwy o gyfoeth a phŵer na'r un ferch yng Nghymru, ond ychydig o gysur oedd hynny ar y pryd. Yn feichiog, yn fam i ferch fach, ac yn weddw am yr eildro, gwyddwn nad oedd gen i ddewis ond dychwelyd i Ferain, fy hen gartref, i baratoi ar gyfer y dyfodol a rhoi fy nghynlluniau ar waith.

Bu'r cyfan yn llwyddiant. Enillais edmygedd Dâm Salsbri drwy gael y bardd Wiliam Cynwal i lunio achau'r teulu. Ef oedd yr un cyntaf i'm croesawu adref o'r Iseldiroedd, er iddo fod mor hyf ag awgrymu y dylwn ailbriodi ar fyrder… trydydd-briodi o ran hynny. Haerai Edmwnd Prys, archddeacon Meirionnydd, ei fod yn canu celwydd ac yn llunio achau ffug. Un garw am y merched oedd Wiliam Cynwal, ond fel un o'i brif noddwyr gallwn faddau'r cyfan i fardd a gyfeiriodd ataf yn un o'i gywyddau rhyfeddol fel,

Catrin wych, wawr ddistrych wedd,

Cain ei llun, cannwyll Wynedd.

A phriodi wnes i, wrth gwrs, â Maurice Wynn, disgynnydd i Lywelyn Fawr ac aelod o un o deuluoedd cyfoethocaf gogledd Cymru. Mi wnes yn siŵr y byddwn i nid yn unig yn cadw fy eiddo ond yn ychwanegu ato drwy drefnu i Thomas, fy mab i a Siôn Salsbri, briodi merch Morris.

Un gwyllt ei dymer a dibris o deimladau a hawliau pobl

eraill oedd fy llysfab, John Wynn. Er i mi fynd ar ei ofyn fwy nag unwaith, gan gymryd arnaf bledio gwendid, ef, greda i, oedd yn gyfrifol am ddechrau'r sibrydion celwyddog amdanaf. Efallai mai cenfigen oedd wrth wraidd hynny oherwydd i'w dad ennill y blaen arno. Beth bynnag am hynny, gwnaeth ei orau i geisio pardduo fy enw da drwy awgrymu i mi gael gwared â dau ŵr drwy eu llofruddio. Er i ambell un ddewis credu'r fath ffwlbri, ro'n i wedi ennyn parch ac edmygedd y mwyafrif ac yn ddigon doeth a phwerus i allu gwrthsefyll ensyniadau John Wynn.

A minnau'n fam i chwech ac yn weddw am y trydydd tro, cytunais i briodi Edward Thelwall o Blas y Ward ger Rhuthun. Mae dwy flynedd bellach ers i Thomas, fy mab hynaf, gael ei ddienyddio am ei ran yng nghynllwyn Babington i lofruddio'r frenhines Elisabeth. Oherwydd y gwarth a'r cywilydd a deimlai bonedd gogledd Cymru, bu'n rhaid i mi gelu fy ngofid a cheisio ymddwyn fel na phetai erioed wedi bod. Ond fel mam, ni allaf byth ddygymod â'r golled. Ei eiriau olaf oedd, 'So have I lived a Catholic, shall I die a Catholic.' Bendith arnat, fy Tome Salsbri bach i.

Aelwyd ddiwylliedig yw un Plas y Ward a'r beirdd yn cael pob croeso yma. Mae Edward yn ŵr dysgedig ac yn garedig iawn, yn ei ffordd ei hun. Ond bydd fy meddwl yn crwydro weithiau i'r dyddiau hapus a dreuliais yng nghwmni Clwch, y gorau o ddynion.

Gwn i mi ddweud ar y dechrau nad oeddwn am fy

nghyflwyno fy hun. Erbyn meddwl, braint yw cael gwneud hynny, ac nid sarhad. Dyma fi, y wraig a'r fam a all fod yn dawel ei meddwl iddi nid yn unig wneud ei dyletswydd ond a brofodd y llawenydd o garu a chael ei charu. Catrin Tudur a etifeddodd ddoethineb ei hen daid ac un sy'n llawn haeddu cael ei galw yn fam Cymru.

Madog

CERI ELEN

EISTEDD YN EI GADAIR oedd John Evans, yn y neuadd bren yn Llundain. Ei lewys wedi'u troi, fel arfer, i fyny at ei benelinoedd. Ei wallt du yn disgyn dros ei dalcen brown. Roedd o'n gwrando ar y dyn hwnnw, Edward Williams, yn traethu, a'i lygaid yn gafael ym mhob un gair oedd yn dod o'i enau… yn eu datod… lythyren wrth lythyren.

'Mae 'na rai pobol sydd yn awgrymu nad oedd Madog yn bodoli…' meddai Edward Williams. (Iolo Morganwg ydoedd i'r rhan fwyaf o bobl, ond roedd wedi cyflwyno'i hun fel Edward ar y noson arbennig hon.) 'Ond rwy'n eitha sicr fod Madog yn bodoli…' parhaodd Edward, 'a dyma'i stori, fel yr ydw i'n gweld pethe…

'Dychmygwch… bore… a Madog wedi bod yn effro drwy'r nos. Ei gynllun yn gwasgu arno. A dim dewis ganddo erbyn hynny. Y cynllun oedd yn ei reoli e, nid fe oedd yn rheoli'r cynllun.

'A dychmygwch y cynddaredd oedd wedi dechrau'r holl beth.

'Cynddaredd at bwy oedd e. Lle roedd e.

'Dychmygwch Madog, am eiliad fach, fel un a oedd yn aml yn methu cysgu, yn breuddwydio a'i lygaid ar agor bob nos. Dychmygwch y breuddwydion effro hynny yn rhai am ei blentyndod; chwarae yn y coed 'da'i chwiorydd a'i frodyr. Gwneud siglen a'i hongian o'r coed. Chwarae cuddio. Mynd i anturio. Dychmygwch fam Madog yno hefyd, wrth reswm, yn y breuddwydion hynny.

'Yn ei freuddwydion effro,' parhaodd Edward Williams, 'dychmygwch ei frodyr a'i chwiorydd i gyd yn chwarae yn y llyn, yn nofio, a'r chwerthin yn sicrhad, bod 'na gariad yn y teulu hwn. Eu bod nhw yn ei garu fe. Yn y breuddwydion effro hynny dychmygwch lygaid ei chwiorydd a'i frodyr a'i fam yn fowr, fowr, fel ei lygaid yntau, a'r byd yn lle hudol.

'Ond nid felly oedd ei lygaid y bore hwnnw, rwy'n sicr. Y bore hwnnw, dychmygwch lygaid Madog wedi hen flino ar weld unrhyw beth o gwbl. Dychmygwch e'n cau ei lygaid, a'r rheini'n llosgi oherwydd diffyg cwsg. Ac yntau'n eu gwasgu'n dynn.

'Dychmygwch y teimlad creulon hwnnw yn gwasgu arno. Mae pawb eisie cael eu caru, nag y'n nhw?

'Roedd Madog yn bodoli, yn un o deulu o ddeuddeg o blant,' meddai Edward. 'Ac rwy'n siŵr bod ei chwiorydd a'i frodyr yn ymladd yn fwy brwnt 'da'i gilydd, a gydag ef, nag y byddai neb yn gallu'i ddychmygu. Yr un tad oedd 'da nhw. Nag oedd hynny yn ddigon? Nag oedd hynny yn sicrwydd o gariad? Nag oedd, mae'n debyg. Ac roedd y cynddaredd oedd wedi gwaedu drwy Madog wedi tyfu dros y blynyddoedd. Rwy'n siŵr yr hoffai fod wedi gafael yn ei frodyr a'i chwiorydd, pob un ohonyn nhw, a'u cofleidio pob un. Eu caru nhw. Dyna i gyd. Ond doedd dim lle i'w gariad e yn y teulu hwnnw. Doedd dim lle iddo fe o gwbl.'

Parhaodd Edward Williams:

'Dychmygwch Madog yn penderfynu bod 'na gyfrinachau ar hyd a lled y byd, a'i fod e am ddod o hyd iddyn nhw. Byddai dod o hyd i'r cyfrinachau hynny yn gwneud iddo deimlo ei fod e'n bodoli, yn perthyn. Oherwydd cyfrinach oedd *e*, mewn gwirionedd, nagife? Plentyn siawns oedd e.

'Doedd gan Madog ddim tystiolaeth am ei fam, a'r ffaith iddi ei guddio, er mwyn arbed ei fywyd. Mab i dywysog. Hithau'n ei guddio nes yr oedd yn un ar bymtheg, er gwewyr mawr i'w chalon, a gadael i rywun arall ei fagu yn dawel bach oherwydd y droed honno oedd ganddo. Nac oedd, doedd ganddo ddim *tamaid* o dystiolaeth am ei fam, dim ond gwacter mwy na'r wybren ei hun wrth feddwl am ei blentyndod hebddi. Ac roedd ei droed wedi gwella bellach, a dim arwydd o unrhyw nam arni o gwbl. Dim tystiolaeth. Ac yn goron ar y cwbl, pan gafodd Madog ei dderbyn gan ei dad o'r diwedd, fe gollodd ei fam yn yr un anadl. Ei dad yn ei gydnabod fel mab, a'i fam yn marw. Derbyn un rhiant, a cholli'r llall.'

Roedd llais mwyn Edward yn disgrifio mwy:

'Dychmygwch Madog, felly, eisie edrych am dystiolaeth o gyfrinachau'r byd... tiroedd newydd... posibiliadau newydd... dirgelwch. A dychmygwch e'n gwybod yn ei galon ble roedd e am fynd i edrych amdanyn nhw. Roedd y môr wedi denu Madog erioed. Yn ei flynyddoedd fel alltud, roedd y môr yn gysur iddo, ac yntau wedi hen arfer â sidan lliwgar yr hwyliau rhwng ei fysedd. Yn ei flynyddoedd fel mab i'w dad, yr oedd ei dad, er mawr syndod iddo, wedi ymddiried yn Madog i fod yn gadlywydd ar ei long.

'Ond rwy'n credu mai ar ddiwrnod digon di-nod y dechreuodd diddordeb Madog yn y môr mewn gwirionedd.

'Dychmygwch e'n gorwedd ar ei gefn yn un o lecynnau mwyaf diarffordd Clwyd un prynhawn. Mewn cae. Sŵn yr ŷd yn ei gysuro. Ac yno, allan o'r nefoedd, dychmygwch seren fôr yn disgyn i'r llawr wrth ei ochr. Ar y llawr wrth ei ymyl. Wrth reswm, fe fyddai Madog yn meddwl ei fod dan warchae yr eiliad honno, a dychmygwch e'n estyn ei gleddyf ar fuanedd go anarferol o gyflym. Ac yntau'n dal ei gleddyf uwchben y seren fôr. Hithau yn farw, wedi sychu'n grimp. Madog yn anelu ei gleddyf ati. Hithau'n llonydd. A dychmygwch Madog, fyth ers hynny, yn cadw'r seren fôr o dan ei obennydd. Dychmygwch e'n dilyn ei chroen gyda'i fysedd. Teimlo ei chorff marw, a theimlo rhywbeth tebyg i alar. A'r galar hwnnw yn newid i fod yn hiraeth. A'r hiraeth hwnnw yn gryf. Ond nid hiraeth am rywbeth a fu oedd yr hiraeth hwnnw. Ond hiraeth am rywbeth yn y dyfodol. Dychmygwch Madog heb deimlo hynny o'r blaen, teimlad oedd i fod yn tynnu o'r gorffennol yn tynnu'n dynnach fyth ar y dyfodol.

'Roedd ei hiraeth wedi tyfu'n gyflym. Bu farw'i Dad. Tyfodd y cweryla rhwng ei chwiorydd a'i frodyr ac yntau. A'r galar am ei fam hefyd yn tyfu'n fwy creulon bob dydd. Roedd e eisie dianc o'i fywyd.'

Gwenodd Edward ar John, a chario ymlaen â'i stori am Fadog.

'Eisie bodoli mewn ffordd wahanol oedd e,' meddai Edward. 'Am ychydig bach, beth bynnag. Bodoli mewn ffordd anweledig.

'Dychmygwch y cynllun, erbyn hynny, wedi tyfu fel derwen y tu mewn i'w gorff, yn ei ddal i fyny, drwy'r gwyntoedd hynny oedd yn mynnu ei ddilyn. Dychmygwch ef yn diolch i'r seren fôr am hynny, yn ei feddwl. Dychmygwch Madog yn meddwl yn ôl at y prynhawn hwnnw, a'r peth a ddisgynnodd o'r nefoedd, fel rhodd. Dychmygwch Madog yn diolch amdani yn aml, bob nos mewn gwirionedd.

'Dychmygwch Madog yn sylweddoli mai gwahoddiad

oedd y seren fôr. Gwahoddiad i'r man hwnnw ble y gallai ddianc yn llwyr o'i fywyd. Yn gorfforol, yn feddyliol, yn eneidiol. Dychmygwch ef yn penderfynu y byddai'n dychwelyd y seren fôr i'w gwely aur, yr adeg hynny. Ei gwylio'n suddo i'w obennydd braf. Heb dystiolaeth o'i bodolaeth. Dychmygwch Madog yn penderfynu ble y byddai'r fordaith honno yn dechrau.

'Gwennan Gorn oedd ei henw, y crud enfawr fyddai'n ei gario i'w fywyd newydd. Crud o long, i'w siglo fe yn ôl ac ymlaen, i gysuro'i galon, ac ym mhob storm, gallai yntau ofalu amdani hithau, nes y deuai i siglo yn ôl ac ymlaen drachefn. Gwennan Gorn a'i hwyliau lliwgar. Hi oedd y dechrau, hi oedd y canol a hi oedd y diwedd. A dychmygwch y bore hwnnw yn gwawrio... i Madog.'

Gwelai John fod Edward yn mynd i hwyliau wrth ddweud ei stori.

'Llandrillo-yn-Rhos, fan honno oedd y lle. 1170. Haul y bore yn halen i gyd, yn rhyfedd o bleserus ar wyneb hardd Madog. A'r bobol hynny o'i gwmpas yr un mor awchus ag yntau am fywyd newydd.'

Daliai Edward ati:

'Dychmygwch ef yn gwybod ei fod e 'na. Yn *gwybod*, er mai fel breuddwyd yr oedd y cyfan yn teimlo. Wrth yfed diod melys yn haul cynnar y bore, gweld rhith yn cerdded tuag ato, a Rhiryd ei frawd yn dynesu drwy'r golau euraidd. Gweld ei grys yn chwifio yn yr awel, a'r porthladd yn gafael amdano. A Madog yn yr eiliad honno, yn gobeithio na fyddai neb fyth yn newid y porthladd hwn, na fyddai neb fyth yn adeiladu ar ben y porthladd, ei guddio, ei droi'n angof. Dychmygwch, wrth i'r rhith ddynesu, iddo droi'n wir. Ei frawd yn gafael amdano, a llygaid plentyn yn edrych o gorff ei frawd. Yr un llygaid. Ac ynddyn nhw yr un galar am deulu, a'r un gobaith am rywbeth y tu hwnt i'r gorwel. Wrth gwrs,' parhaodd Edward, 'rydyn ni gyd yn gwybod bod pobol *wedi* adeiladu ar ben y porthladd hwnnw… nag yw e 'na bellach… ond ta beth…

'Dychmygwch y ddou frawd, Madog a Rhiryd, yn camu i'r llong. A Madog yn ceisio rhoi'r teimlad hwnnw mewn bocs atgofion. Ei storio yn hanfod ei fodolaeth, y teimlad hwnnw wrth i'r llong adael y tir, a chael gafael ar y môr, wrth i'r gwynt a'r haul a'r sêr droi'n arwyddbyst hudol, a'u cario hwythau.

'Hwylio tua'r gorllewin i ganfod tiroedd newydd.

'Stormydd enbyd sydd i'w cael ar y môr. Y gwynt yn gafael yn y tonnau a'u chwipio yn erbyn yr awyr. Yn ddidrugaredd. Yn gwneud i'r awyr losgi, a'r mellt sgrechian yn yr wybren. A hynny am oriau. Diwrnodau weithiau. Ac yng nghanol storm o'r fath, rwy'n siŵr i Fadog deimlo hawl ar rywbeth na theimlodd erioed o'r blaen. Synfyfyrio ar liw ei galon wrth iddo deithio drwy'r byd arian hwnnw. Teimlo rhywbeth na theimlodd yng nghanol y rhyfela rhwng ei frodyr a'i chwiorydd.

Teimlo ei fod yn rhydd, a theimlo'r hawl i alaru am ei fam. Dychmygwch, ei galon. Ac yntau... yn wylo, a'r lleuad yn ei wylio. Neb arall yno. Neb. Dychmygwch y noson honno, y boen yn dod yn well, a chydag amser, er ei fod yn gwybod na fyddai'r boen fyth yn diflannu, y ddealltwriaeth yn tyfu yn Madog y gallai obeithio am falm i'r loes, y byddai amser yn gwella rhywfaint ar y boen. Ac wrth i'r storm ddiflannu i'r wawr, dychmygwch y gwylanod yn hedfan uwchben. Wrth i'r haul godi'n uwch o hyd, dychmygwch yr olygfa fel petai rhyw artist wedi bod yn paentio'r awyr gydag inc lliwgar, a'r awyr yn amryliw. Yr hwyliau'n diflannu i mewn i'r cefndir, a'r lliwiau'n eu cario ymhellach tua'r gorllewin. Eu cario, drwy amser, i ddyfodol arall.'

Ac Edward yn edrych ar John am eiliad, cyn troi i edrych ar aelod arall o'r gynulleidfa.

'Dychmygwch Madog yn camu at ochr y llong. Uwch ei ben, haul y wawr yn taflu goleuni newydd ar holl fodolaeth Madog, goleuni aur yn erbyn grisial y môr, a glas yr awyr yn gefndir hardd i'r cyfan oll. Dychmygwch ef yn tynnu'r seren fôr o'i boced, a'i rhoi i orwedd ar gledr ei law, cyn ei rhoi i siglo ar y tonnau. Dychmygwch y llonyddwch yn ei galon.

Ac Edward yn parhau...

'A bodolaeth wedi newid ei ystyr. A chyrraedd tir newydd. Ac yno ar dir newydd, bodolaeth oll yn brofiad newydd. Bywyd newydd yn obaith, bywyd newydd yn ganlyniad. Benthyg profiad byw mewn tir arall i greu bywyd hollol newydd. Creu bywyd. Creu o'r newydd, creu dechrau. Breuddwyd effro, dechrau'r cyfan. Addewid am fywyd gwell yn cael ei wireddu. A'r Gymraeg yn cael ei phlannu mewn tir newydd, a'i rhannu ar dir newydd. Cymro.

'A dychmygwch ef yn dod yn ôl, dod yn ôl, dychwelyd i nôl mwy o bobol, hwythau'n edrych am y freuddwyd y tu hwnt i'r gorwel, ac addewid Madog iddyn nhw yr un mor ddiffuant ag o'r blaen.

'A dychmygwch Madog yntau'n cymryd ei anadl olaf, ac yn gwybod yn nhawelwch ei galon iddo wireddu ei freuddwyd. Dychmygwch y llonyddwch hwnnw roedd wedi ei ganfod ar y môr, llonyddwch yr oedd wedi'i deimlo drwy gydol gweddill ei fywyd hyd ei anadl olaf. Llonyddwch oedd wedi ei lywio i gredu bod hapusrwydd yn bwysig, a bod ganddo'r hawl i fod yn hapus.

'Dychmygwch, felly, Madog, y dyn hwnnw, y dyn rhyfeddol hwnnw. Dychmygwch ei fywyd, dychmygwch beth oedd ei obeithion, dychmygwch sut ddyn oedd e. Dyn fel ni, mae'n debyg, yn meddwl yn teimlo, fel ni, dyn… dyn o anian arbennig. Dyn. Brawd, fel ni, un ohonom ni, rhywun yn anadlu, yn meddwl, yn ystyried… Madog… dyn anarferol…dyn arbennig.

'Felly pwy…?' dyna oedd geiriau nesaf Edward. 'Pwy

24

sydd am fod yn ddigon dewr i fentro ar y fordaith hon gyda mi, i chwilio am dystiolaeth o fodolaeth Madog, i brofi hyn i'r byd?'

Yr eiliad honno, cofiodd John Evans sut yr oedd ei feddyliau wedi bod yn dadlau yn erbyn ei gilydd ers wythnosau.

Ond dydi Madog erioed wedi bodoli beth bynnag, naddo? Ddim go iawn / Er mwyn dyn; wrth gwrs ei fod o wedi bodoli.

Fel hyn y bu meddyliau John yn gweithio ers wythnosau, fel cyfreithwyr yn dadlau yn erbyn ei gilydd yn y llys y tu mewn i'w ben.

Allai Madog ddim gobeithio am gariad brawd neu chwaer os nad oedd o wedi bodoli go iawn, yn na allai? / Y, sori! Does gen ti ddim prawf nad ydi o wedi bodoli mwy na phrawf ei fod o wedi bodoli...

Sssshhh. SSShhhh. Roedd John wedi'i ceisio tawelu'r lleisiau hynny. Ond wedi methu.

Myth, a dim ond lle iddo mewn llyfrau ffuglen ydi Madog. / Wrth gwrs bod 'na le iddo fo. Lle pwysicach na phwysig yn y llyfrau hanes.

Ac roedd John wedi ceisio gwasgu'r croen ar ei law rhwng ei fys a'i fawd... i geisio gorfodi'r lleisiau i dawelu. Ond dal i gnoi ei gilydd y tu mewn i'w ben oedd y lleisiau.

Dydi hyn oll ddim yn wir.

Roedd ei feddyliau wedi codi eu lleisiau y tu mewn i'w ben.

Does yna ddim digon o ddyfnder ym mhorthladd Llandrillo-yn-Rhos i unrhyw long hwylio ohono!... / Mae'n siŵr bod 'na borthladd arall wedi bodoli cyn hyn, bod 'na olion ohono yn rhywle! Meddai geiriau'r llais arall...

Celwyddgi o awdur sy'n dweud y stori hon. Myth Madog. Myth heb na chig na gwaed, nac unrhyw sylwedd. Myth oedd o. Mae pob rhan o'i fodolaeth yn fyth, rwyt ti'n gwybod hynny, yn dwyt, John Evans, myth o'r dechrau i'r diwedd. / Paid â gwrando arno, John, oedd geiriau'r llais arall yn ei feddwl... Dwyt ti ddim yn GWYBOD mai myth ydi hynny. Dwyt ti ddim yn gwybod hynny o gwbl. Amau wyt ti. Rho gyfle i dy hun gael gweld...

Ond rŵan, yr eiliad honno, roedd yr holl ddadleuon fel petaen nhw'n ddibwrpas. Oherwydd roedd rhyw 'wybod' newydd wedi deffro y tu mewn i John Evans.

Roedd John yntau'n fachgen amddifad, heb na thad na mam, nac unlle i berthyn iddo. Roedd yntau'n gwybod beth oedd galar. Ac yn yr eiliad honno, wrth wrando ar Edward Williams, daeth teimlad rhyfeddol dros John, teimlodd gariad na theimlodd erioed o'r blaen. Wrth glywed Edward Williams yn sôn am yr hapusrwydd hwnnw a deimlodd Madog, roedd John wedi sylweddoli â'i holl gorff bod ganddo yntau'r hawl i fod yn hapus. Nid rhyw gysgod bach o deimlad oedd hwn, ond teimlad oedd yn llenwi'i holl galon a'i enaid.

A'r eiliad honno deffrodd John o'r niwl oedd wedi llethu ei feddwl ers wythnosau bellach. Deffrodd o'r llwydni tywyll. Dwedodd wrth ei feddwl am dawelu. Doedd o ddim yn gwybod a oedd stori Madog yn wir ai peidio. Dyna'r gwir. A sylweddolodd fod dweud 'dwi ddim yn gwybod' yn iawn. Ac i rai cwestiynau, 'dwi ddim yn gwybod' ydi'r unig ateb. I gwestiynau eraill mae dweud 'dwi'm yn gwybod' yn ddechrau ar rywbeth newydd, yn ffordd o chwilio, dod o hyd, i rywbeth...

Ac yno, mewn lle rhwng greddf a meddwl, a John yn gwybod bod ganddo'r hawl ar hapusrwydd, wrth ystyried hynny... ystyried... hapusrwydd... ac wrth addo iddo'i hun nad oedd yn brifo neb arall wrth benderfynu mynd, yn araf bach, cododd John ei law i fyny, a datgan yn syml:

'Fi... Edward Williams... fi... fy enw yw John Evans o'r Waunfawr. Rydw i am fynd ar y fordaith hon i chwilio am olion Madog.'

A'r eiliad honno, roedd y golau yn chwyrlïo rhwng aur ac arian yn yr ystafell, a hwyliau Madog yn rhyfedd o hardd yn nychymyg y nos.

Chwedl Tyno Helig

Sian Rees

(Cerddoriaeth telyn mewn arddull Geltaidd.)

Storïwr: Hanes teyrnas goll Atlantis ydi un o'r straeon cyntaf ac enwocaf am dir a ddiflannodd i'r môr wedi iddo suddo am byth o dan y tonnau. Ceir sôn am Atlantis gan y Groegwr, Plato, mewn dau ddarn o waith sy'n dyddio o tua'r flwyddyn 360 Cyn Crist.

Ond yn nes adref na'r ynys ddiflanedig honno, rhywle dan Gefnfor yr Iwerydd, mae sawl hanesyn am diroedd coll tebyg. Dan donnau arfordir Cernyw, o gwmpas Ynysoedd Scilly gorwedd teyrnas 'Léoneis' neu 'Lethowsow' yn iaith Cernyw – mae cysylltiad yma â'r gair Cymraeg 'llaeth' – sy'n cyfeirio at y tonnau gwynion, llaethog sy'n taflu eu hunain ar greigiau ynysoedd Scilly.

Mae gan Lydaw hithau 'Kêr-Is', tir a feddiannwyd

gan y môr yn y   lle sydd bellach ym Mae
Douarnenez.

(Y gerddoriaeth yn pylu a thawelu.)

Y chwedl Gymreig enwocaf am dir a gollwyd i
rym y tonnau ydi Chwedl Cantre'r Gwaelod – tir
coll a fu unwaith rhwng Sir Benfro a Phen Llŷn,
sef Bae Ceredigion heddiw. Efallai y cofiwch i
olion coedwigoedd hynafol ddod i'r golwg eto
yn ddiweddar ar drai ger y Borth.

Gŵyr daearyddwyr i lefel y môr godi gryn
dipyn o gwmpas tiroedd Ewrop tua'r flwyddyn
600 Oed Crist, ac efallai bod hynny'n egluro'n
rhannol pam bod sawl chwedl debyg sy'n ceisio
egluro diflaniad pur gyflym tiroedd isel.

Ond mae gennym yma yn Sir Conwy ein chwedl
ein hunain – Chwedl Tyno Helig. Credai'r
ysgolhaig Rachel Bromwich mai amrywiadau
ar yr un chwedl ydi Cantre'r Gwaelod a Thyno
Helig. Tir isel ydi 'tyno' a Helig oedd enw'r
brenin a lywodraethai ar y tir hwnnw.

Mewn llyfr a gyhoeddwyd gan Syr John Wynn
o Wydir yn yr unfed ganrif ar bymtheg, soniodd
iddo ef ei hun weld olion muriau carreg ar dywod
Traeth Lafan, rhyw ddwy filltir o'r lan a hanner
ffordd rhwng Penmaenmawr a Phen y Gogarth.

Felly, lle'n union oedd Tyno Helig? Wrth i chi deithio ar hyd yr A55 i gyfeiriad Bangor â'r môr yn garthen las symudliw ar yr ochr dde ichi, dychmygwch y byddai yno, ers talwm, diroedd breision a phentrefi prysur a phoblog ac yng nghanol y tir hwn, lys y brenin mawr, cyfoethog a dewr – Helig ap Glannog.

(Daw'r brenin i'r llwyfan.)

Storïwr: Be ti'n neud yma? Dos o 'ma.

Y Brenin Helig: Fi 'di'r brenin.

Storïwr: Brenin? Pa frenin?

Y Brenin Helig: Fi 'di'r brenin Helig ap Glannog siŵr iawn. A fi sy'n teyrnasu dros holl diroedd Tyno Helig.

Storïwr: Sgen i'm amsar i wastraffu ar ryw frenin dwy a dima. Dwi'n brysur yn deud stori wrth y gynulleidfa ddeallus yma.

Y Brenin Helig: Ti'm yn gwbod lot, nag wyt?!! Darllan stori wyt ti – nid adrodd. Dwyt ti ddim patsh ar Tudur ab Owain, y cyfarwydd enwog sy'n ymweld â'r llys 'ma i adrodd chwedlau!

(Daw Gwendud i'r llwyfan.)

30

Storïwr:	A phwy 'di hon, 'ta? Be ti'n dda yma?
Gwendud:	Fi 'di Gwendud, merch y Brenin Helig a'r harddaf o holl dywysogesau'r wlad.
Storïwr:	O'r nefoedd! Sesiwn adrodd stori ydi hon i fod, dim pantomeim. Sori am hyn, bobol.
Gwendud:	Gad i ni dy helpu di, mi fydd 'na lot mwy o sbort wedyn.
Storïwr:	Sbort! Pa Sbort? Y Babell Lên 'di hon. Pryd gest ti erioed sbort yn y Babell Lên?
Gwendud:	Caria di 'mlaen, paid â chymryd sylw ohonan ni.
Y Brenin Helig:	A 'dan ni'n gaddo peidio â bod yn niwsans. Pliiis?
Gwendud:	(*Yn sibrwd*) Ty'd i'r llwyfan! Dy dro di rŵan.

(Daw Tathal i'r llwyfan.)

Tathal:	Fi 'di Tathal. Cariad Gwendud. Mae hi a fi am briodi, tydan, siwgwr plwm?
Storïwr:	Un diog oedd Tathal, a merch greulon, gas oedd Gwendud.

Gwendud: Hei!

Tathal: Hei!

Storïwr: Er ei bod hi'n dlws iawn wrth gwrs! Yn y dyddiau hynny byddai dynion dewr a chyfoethog yn gwisgo eurdorch am eu gyddfau.

Y Brenin Helig: 'Dach chi'ch dau *yn* dallt na fydd na'm priodas nes byddi *di*, Tathal, wedi profi dy hun yn ddyn go iawn ac ennill eurdorch mewn brwydr.

Storïwr: Ond doedd gan Tathal druan ddim syniad sut i ennill eurdorch, er bod ei galon yn llawn o gariad at Gwendud, y dywysoges galon-galed. Bu brwydr ddiweddar rhwng byddin Helig a'r Pictiaid yn ne'r Alban a chludwyd y milwyr caeth yn ôl i deyrnas Tyno Helig.

Y Brenin Helig: Yr Hen Ogledd ti'n feddwl.

Storïwr: Be? Am be ti'n rwdlan rŵan?

Gwendud: Nid de'r Alban, yr Hen Ogledd.

Storïwr: Be? O, ia – yr Hen Ogledd. Sori. Tydi'r

rhain yn gwbod pob dim? Ga i gario mlaen plis?

Y Brenin Helig: Cei â chroeso. Ond brysia, mae hi bron yn amsar cinio. (*Yn edrych ar ei oriawr.*)

(*Daw'r carcharor i'r llwyfan yn cribinio. Dyw'r storïwr ddim yn cymryd sylw.*)

Storïwr: Beth bynnag, roedd gan y milwyr dewr hyn yr hawl i wisgo'u torchau aur ond dim hawl i adael tir Tyno Helig. Un diwrnod pan oedd un o garcharorion y brenin yn gweithio ar y tir, gwelodd Tathal ei gyfle.

Tathal: Psst!

Y carcharor: Be? Fi?

Tathal: Ia. Chdi. Ty'd yma! Wyt ti isio dengid?

Y carcharor: O'r twll lle 'ma ti'n feddwl? Ddylai milwr dewr fel fi sy'n gwisgo eurdorch ddim gorfod carthu moch drewllyd y tipyn brenin Helig 'na.

Tathal: Ia. Mae hwn yn gyfla gwych i ti cofia. Gei di'i heglu hi am adra i'r Gogledd pell 'nôl at dy deulu. Ty'd efo fi, dwi'n gwbod am lwybr cudd rhwng y bryniau fan'cw.

Storïwr:	A phwyntiodd Tathal at Fwlch Sychnant. Wedi dringo am sbel a phan oedd Tathal yn siŵr eu bod o olwg pawb, (*Tathal yn pwyntio at y bwlch a'r carcharor yn sefyll o'i flaen i edrych*) cydiodd yn ffyrnig am wddw'r caethwas druan a'i drywanu drwy'i galon â llafn main roedd wedi ei guddio dan ei glogyn. Syrthiodd y carcharor yn farw, cipiodd Tathal ei eurdorch a dychwelyd at Wendud yn gwisgo'r dorch aur yn falch. Dyma'i drwydded i briodi'r dywysoges a rhyw ddydd, fo a'i wraig fyddai brenin a brenhines Tyno Helig.
Tathal:	Hei! Sbia! Sbia be sy gen i!
Gwendud:	Eurdorch! Un ddrudfawr hefyd. Edrycha arni hi'n sgleinio'n yr haul.

Hei! Lle'n union gest ti hi? Dwi'm yn cofio bod 'na frwydr 'di bod bora 'ma i ti gael profi dy ddewrder! |
| Tathal: | (*Yn edrych braidd yn euog*) Ges i hyd iddi hi ar ochor y mynydd. |

Gwendud:	Ti'n siŵr? Mae'n edrych yn o debyg i eurdorch y carcharor gwallt melyn 'na sy'n carthu twlc y moch.
Tathal:	O.K. 'ta. Os oes rhaid i ti ga'l gwbod, mi laddais i'r boi oedd biau hi a'i dwyn hi oddi ar ei gorff.
Gwendud:	*(Yn ddigon ffwrdd-â-hi)* A, wel. Dyna un ffordd i ti brofi dy ddewrder, mae'n debyg. Ble adawaist ti'i gorff o?
Tathal:	O dan lwyn o eithin. Draw fancw'n rhwla. *(Yn pwyntio ac yn edrych braidd yn euog.)*
Gwendud:	Rhaid i ni gael gwared o'r dystiolaeth. Dos 'nôl 'na a chladda fo, wir, cyn i rywun gael hyd iddo fo a dechra gofyn cwestiynau.
Storïwr:	Ar y mynydd, cychwynnodd Tathal dorri bedd. Trodd yr awyr yn ddu fel nos a rhuodd llais anferthol o'r cymylau:
Llais:	Dial a ddaw!
Storïwr:	Rhedodd nerth ei draed at Gwendud gan feddwl bod ysbryd y dyn marw

ar ei ôl ac adrodd hanes y llais iasol a'i neges ryfedd. Gorchmynodd Gwendud iddo gwblhau'r gwaith ar fyrder a phe clywai'r llais eilwaith iddo ofyn pryd y deuai'r dial.

'Dial a ddaw' bloeddiodd y llais o ddyfnder y niwl a lapio ei hun fel hugan am Tathal ac am fedd y carcharor.

Tathal:	P... p... pryd y d... d... daw dial?
Llais:	Yn amser dy wyrion a'th or-wyrion.
Gwendud:	Twt! Mae blynyddoedd tan hynny. Does dim isio poeni. Ty'd, cariad. Awn at y brenin a threfnu'r briodas.
Storïwr:	Aeth hanner canrif a mwy heibio a Thathal a Gwendud wedi teyrnasu ar Dyno Helig wedi marw'r hen frenin Helig. (*Y brenin yn gorwedd i lawr a'i ddwylo wedi eu croesi ar ei frest.*) Be ti'n neud?
Y Brenin Helig:	Dwi 'di marw, 'ntydw?
Storïwr:	Roeddent ill dau'n fawr eu parch ac erbyn hyn yn hen nain a thaid i fyrdd o blant mawr a mân.

Trefnwyd gwledd urddasol i ddathlu bod y cynhaeaf wedi ei gasglu o diroedd ffrwythlon Tyno Helig unwaith eto'r flwyddyn honno. Huliwyd y byrddau â phob math o seigiau moethus – cigoedd amrywiol, yn geirw, sgwarnogod, ffesantod, pysgod, cig mochyn, bara a wnaed o haidd Tyno Helig a gwin o rawnwin ei gwinllan. Ac yng nghanol y bwrdd roedd alarch gwyn wedi ei stwffio gyda phob math o ddanteithion blasus.

Y Brenin Helig: Dim tships felly?

Storïwr: Wel, nacoedd siŵr. Doedd 'na'm tatws yng Nghymru yr adeg honno. A beth bynnag, o'n i'n meddwl dy fod ti wedi marw!

Awn yn ôl at y chwedl, gyfeillion! Alla i ddim ond ymddiheuro. Gwahoddwyd Telynor Dall o Fangor-is-y-Coed i ddiddanu'r gwesteion. Ond er nad oedd o'n medru gweld, un craff oedd y telynor. Cafodd air tawel gyda'i forwyn.

Y Telynor Dall:	Gwranda. Mi fydda i'n iawn fama ond dwi isio i ti gadw golwg manwl ar seler y llys heno. Os gweli di bod dŵr yn llifo i'r seler a hwnnw'n ddigon dwfn i bysgod nofio ynddo fo, tyrd i ddeud wrtha i'n syth bin. Dwi'n rhagweld trychineb heno.
Morwyn y Telynor:	Wrth gwrs y gwna i. Mi fydd pawb wrth eu boddau efo'ch alawon telyn hyfryd chi heno 'ma, dwi'n siŵr.

(Cerddoriaeth telyn eto.)

Storïwr:	Mwynhaodd pawb y wledd. Cafwyd cerddoriaeth, chwedlau ac areithiau'n canmol Gwendud a Thathal, y brenin a'r frenhines a lywodraethai mor ddoeth dros y deyrnas lewyrchus, a llifodd y gwin a'r medd. Ond yn sydyn, rhuthrodd morwyn y telynor o'r seler.
Morwyn y Telynor:	*(Yn gweiddi nerth ei phen)* Mae 'na heigiau o bysgod yn nofio yn y dŵr sy'n llifo i'r seler win! Be wnawn ni? Mi foddwn i gyd!
Y Telynor Dall:	*(Yntau'n gweiddi)* Daeth y Dial! Rhaid i bawb ffoi tua'r mynydd. Gadewch

bopeth. Mae'n rhaid i ni ddianc cyn i'r tonnau ein llyncu! Mae Tyno Helig yn boddi!

(Sŵn tonnau a gwynt yn ddistaw ac yna'n cynyddu'n ei rym.)

Storïwr:

Ond doedd neb yn gwrando ar yr hen ŵr a'i forwyn yn bloeddio a ph'run bynnag, roedd gormod o sŵn canu a dawnsio i neb hyd yn oed glywed ei lais ei hun.

Arweiniodd y forwyn yr hen ddyn a'i delyn allan drwy borth Tyno Helig ac ar hyd y llwybr tua diogelwch y bryniau uwchben Dwygyfylchi. Roedd y ddau yn rasio'n erbyn y llanw cyflym a oedd erbyn hyn yn llyfu'u traed. O'r tu ôl iddynt clywsant sgrechiadau trigolion Tyno Helig yn ymrwyfo'n ofer yn erbyn grym y tonnau.

Drannoeth doedd dim i'w weld ond carthen las y môr yn disgleirio yn haul y bore. Roedd Tyno Helig wedi diflannu o dan y don.

(Diwedd y stori. Cymeradwyaeth – gobeithio!)

Plentyn 1:	Hei! Be am i ni drefnu trip cwch o Benmaenmawr?
Plentyn 2:	Ia! Os awn ni pan mae'r llanw'n isel, ella y cawn ni weld waliau cerrig yr hen Lys Helig o dan y môr.
Plentyn 3:	Fel y gwnaeth Syr John Wynn o Wydir ers talwm? Gawn ni wybod wedyn os ydi hi'n stori go iawn neu beidio.
Plentyn 4:	Mi fasai hwnnw'n drip ardderchog. Gawn ni fynd â bwyd efo ni.
Plentyn 5:	Brechdanau, creision, pop a lot o jips!
Storïwr:	'Rhoswch! Cyn i chi gynhyrfu gormod a threfnu'r sbidbot a'r picnic, maen nhw'n dweud bod pawb a welodd adfeilion Tyno Helig o dan y môr yn marw mewn ffordd erchyll iawn!

(Pawb yn sgrechian ac yn rhedeg oddi ar y llwyfan.)

Llyn yr Afanc

CATHERINE ARAN

YR UNION YR UN eiliad y rhoddodd Mrs Owen y cyw iâr ar y bwrdd ar gyfer cinio Dydd Sul, ar ôl stwffio lwmp o gacen i'w cheg cyn i'r plant gyrraedd adref o'r capel... a'r union yr un eiliad y caeodd Mr Huws ddrws siop y gornel a throi'r arwydd i 'wedi cau', gan wthio papur decpunt o'r til i boced ei gôt yn barod am y bwcis... a'r union yr un eiliad yr ailwisgodd Mrs Roberts ei bra a chwifio'i hances lês drwy'r ffenest ar Mr Jones oedd yn llithro trwy'r giât gefn i'r lôn fach... fe boerodd Mirain lwmp asidig o fustl chwerw o gefn ei gwddf i fyny i'r awyr a'i wylio'n disgyn ac yn taro'r dŵr tywyll cyn suddo i ddyfnder y pwll.

Crewyd y poer arbennig yma o feil emosiynol Mirain ar y pryd, yn sgil y cwestiynau sarhaus y gorfu iddi eu dioddef oddi wrth aelodau oriog y gynulleidfa yng nghapel bychan ei thad – y Parch Evan Davies.

'Damia pob un o'r hen wragedd hyll a thew a phob un dyn crebachlyd ac esgyrniog!' sgyrnygodd Mirain ar y dŵr, wrth gofio'r geiriau oedd wedi gwneud iddi regi bron awr ynghynt.

'Pam wyt ti'n gwisgo du eto?' holodd Mrs Jones, gwraig y Prifathro, y tu allan i'r capel wedi'r oedfa. 'Tydi o'm yn lliw i ferch ifanc dlos, nac ydi? Fysat ti mor ddel mewn lliw,' swniodd ar Mirain, dan wenu a chan binsio'i boch yn boenus.

'Ac wyt ti'n canlyn eto?' gofynnodd Mr Roberts yn ddigywilydd. 'Dylai merch fel ti gael gafael ar gariad, sdi!' chwarddodd yn fudr, gan wincio.

'A phaid â cholli gormod o bwysau, a gwneud dy hun yn rhy denau,' ychwanegodd Mr Owen, gyda golwg ddireidus yn ei lygaid, 'Mae dyn yn hoff o gael digon i afael ynddo!' A dechreuodd y ddau biffian chwerthin fel dau hogyn drwg.

Gwgodd Mirain ar y ddau ddyn gwirion ac, ar ôl cymryd anadl hir, trodd ar ei sawdl a brasgamu i fyny'r llwybr, gan ddilyn yr afon nes cyrraedd y pwll.

Pob dydd Sul, ers i'w thad a hithau symud i fyw i'r pentref, bu raid iddi oddef yr un peth. Yn enwedig ers marwolaeth ei mam. Ar ôl blynyddoedd o ddwrdio cas a siarso blin gan ei thad, safodd Mirain yno'n fud ac yn barchus wrth i'r dorf ei phasio. Wynebau' n gwibio heibio a golwg wahanol ar bob un. Ffolineb, gwiriondeb, balchder, dirmyg, gwawd a sarhad. Pob un person o'r farn bod ganddyn nhw rywbeth pwysig i'w ddweud wrthi. Bod ganddyn nhw le i ddweud. Bod ganddyn nhw hawl i ddweud. A Mirain yn gorfod derbyn a llyncu pob gair fel ffisig drwg, heb ddangos dicter na chasineb nac atgasedd, gan mai hi oedd 'merch y Gweinidog'.

A dyna beth wnaeth iddi boeri.

Ond fel yr ydych chi i gyd yn gwybod siŵr o fod, mae casineb yn medru tyfu. Ac fe dyfodd y bustl a'r poer yn fwy, ac yn fwy, ac yn fwy nes troi'n Greadur. Ac fe dyfodd y Creadur yn fwy, ac yn fwy, ac yn fwy.

Tyfodd nes oedd yn froga llysnafeddog.

Tyfodd nes oedd yn gi mawr blewog.

Tyfodd nes oedd yn grocodeil danheddog.

Tyfodd nes oedd yn afanc blonegog.

Tyfodd nes oedd ei grafangau yn fachog.

Tyfodd nes oedd ei goesau'n gyhyrog.

Tyfodd nes oedd ei folws yn greithiog.

Tyfodd nes oedd ei gynffon yn gynddeiriog.

Ac fe ganodd Mirain iddi hi ei hun.

Ac fe aeth y Creadur i gysgu.

Yr union yr un funud ag yr aeth y Creadur i gysgu, fe ddechreuodd y coed sisial yn y gwynt. Ac yr union yr un funud, fe ddechreuodd yr adar bach ganu. Ac yr union yr un funud eto, fe ddechreuodd yr haul godi a thywynnu'n braf. Llifodd afon Conwy yn araf a llyfn drwy'r dyffryn a thrwy'r pentref. Gwenodd pawb. Ac yr union yr un funud, ac yr union yr un pryd, roedd pawb yn Nyffryn Conwy yn hapus.

Ond fel yr ydach chi i gyd yn gwybod siŵr o fod, tydi hapusrwydd byth yn aros yn yr un lle am amser hir.

Y noson honno, dechreuodd fwrw glaw. Disgynnodd y glaw i'r afon yn ddafnau tew a'i chwyddo nes iddi lifo'n gyflymach a chyflymach. Byrlymodd yr afon yn gyffrous rhwng y creigiau a chosi asennau'r Creadur a'i ddeffro. Taranodd yr awyr dywyll a fflachiodd y mellt yn wyllt. Rhuodd y Creadur a dechreuodd droelli'r dŵr. Chwifiodd ei gynffon fawr dew a thasgu dŵr dros ochr y lan. Cododd ei ben a'i daro'n erbyn wyneb y dŵr gyda sblash enfawr. Neidiodd y Creadur i'r awyr a throi ei gorff. Symudodd y dŵr o'r un ochr i'r llall mewn tonnau. Rhuodd y Creadur eto wrth deimlo'r dŵr yn treiddio trwy'i flew a gwlychu ei groen. Gorlifodd dŵr yr afon i'r caeau a boddi'r tir.

Rhedodd Mirain drwy'r stryd ac i fyny'r llwybr at y pwll. Eisteddodd ar lan yr afon yn ei gŵn nos a'i siôl yn wlyb socian, a chanodd yn isel. Suodd y Creadur nes iddo roi'r gorau i gynhyrfu'r dyfroedd. Distawodd y Creadur a rhoi ei ben yn ei chôl a gadael iddi ei anwylo. Ac wrth i'r storm basio, llonyddodd, a suddodd yn ôl i'r dyfnder, i gysgu. Yn y bore, pan ddeffrodd pobol y pentref a gweld yr annibendod ar ôl y glaw, nid oedd yr un ohonynt yn gwenu.

Safodd pob un fel côr, eu cegau ar led wrth weld yr hyn oedd wedi ei adael ar hyd y caeau o'u blaenau. Edrychai'r dyffryn fel petai rhyw gawr wedi malu gwydr dros y

44

gwyrddni a phob pant yn dal llyn bach disglair hwnt ac yma. Bob hyn a hyn roedd ynysoedd bychain i'w gweld yn dal teuluoedd pitw o ddefaid neu wartheg syn wedi gwasgu at ei gilydd mewn ofn, yn brefu ac yn cwyno'n swnllyd. Rhwng y defaid, y gwartheg, y llynnoedd a'r ynysoedd, roedd darnau blêr o bren wedi'u paentio'n lliwgar, bagiau plastig a metel rhydlyd wedi'u rhwygo o feudai gwag ac ambell i dŷ gwair simsan wedi'u taflu'n ddifeddwl.

'Rargian!' ochneidiodd Mr Roberts.

'Dyna ni lanast!' dywedodd Mrs Jones.

'Welais i erioed!' synnodd Mr Owen.

'Fysa well i ni ddechrau clirio!' gorchmynnodd Mr Huws.

Ac aeth pawb i nôl mop a bwced, cadach, rhaw a berfa. A dechrau twtio'r dyffryn. Dyna oedd y tro cyntaf.

Ond fel yr ydach chi i gyd yn gwybod siŵr o fod, yng Nghymru mae storm, gwynt a glaw yn bethau cyffredin. Ac ar adegau o'r flwyddyn, yn brofiad arferol. Felly, fe ddigwyddodd yr un peth pob tro iddi fwrw glaw. Unwaith, ddwywaith, deirgwaith, pedair... ac ar ôl y seithfed gwaith... roedd y pentrefwyr wedi cael llond bol.

A galwyd cyfarfod.

Yn festri'r capel prysurodd Mrs Jones, Mrs Huws a Mrs Owen i orffen gosod y bwyd. Sigai'r bwrdd trestl dan bwysau brechdanau, y gacen a'r tebot mawr. Gosodwyd y cwpanau a'r soseri mewn rhesi taclus ar y bwrdd bychan ar ochr y wal, gyda llwy fach ddisglair ar ochr pob soser. Gosodwyd y cadeiriau yn filitaraidd gan y dynion. Mr Jones fel Cadfridog, Mr Huws yn sarjiant a Mr Owen a Mr Roberts yn dilyn gorchmynion. Wedi i bawb orffen paratoi a disgwyl am chwarter awr i bob un yn y pentref gyrraedd, sgwrsio am y teulu a'r tywydd, a setlo, safodd Mr Huws ar ei draed.

'I ddechrau, a gaf fi ar ran Pwyllgor y Plwyf a Rhanbarth Pentrefol Pellaf Dyffryn Conwy, groesawu pob un ohonoch i festri'r capel heno, neu o leia yr hyn sydd ar ôl ohono?' datganodd gyda nòd fechan tuag at y nenfwd. 'Fel yr wyf yn siŵr fod pob un ohonoch yn ymwybodol erbyn hyn, mae'r pentref mewn stad o greisus!' Safodd Mr Huws am ennyd a'i lygaid yn ysgubo'r gynulleidfa o'i flaen. 'Dros y misoedd diwethaf, mae ein pentref wedi derbyn ergyd ar ôl ergyd, gan fod yr afon wedi gorlifo ac wedi dinistrio tai, adeiladau a thir. Mae hyn wrth gwrs wedi creu anawsterau mawr i bawb sy'n byw yn y dyffryn. Mae sawl un ohonom wedi colli asedau gwerthfawr sydd wedi effeithio'n fawr ar ein bywydau bob dydd ac wedi effeithio sawl busnes. Mae'r gorlifo cyson hwn yn achosi gwir bryder i bob un ohonom, gan ei fod yn difetha ein busnesau, ein hysgol, ein ffermydd, ac mae gennym ni wir ofn na fedrwn barhau i fyw o dan yr amgylchiadau. Heb dir na mannau gwaith fydd yna ddim pres yn dod i'r dyffryn a bydd rhai yn gorfod symud o 'ma i ddal ein pennau uwchben y dŵr!' bloeddiodd Mr Huws, gan ddal ei fys yn yr awyr yn ddramatig. Ebychodd y gynulleidfa wrth ymateb.

'*Ac* mae'n gwneud i'r lle edrych yn flêr i'r fisitors!' mynnodd Mrs Jones.

'Beth sy'n achosi'r gorlifiad? Beth sydd ar fai? Dyna ydi'r unig gwestiwn!' holodd Mr Jones y Prifathro, yn methu cyfri.

'Ond mae pawb yn gwybod *pwy* sydd ar fai,' sibrydodd Mrs Roberts, ffug wên yn chwarae o gwmpas ei gwefusau a'i llygaid yn gwibio'n ddireidus o'r naill ochr i'r llall.

Symudodd pob un i droi a syllu ar Mrs Roberts, ac wrth fwynhau cael sylw, dywedodd, 'Mirain − hi a'i thymer. Mae hi'n cerdded at bwll yr Afanc mewn tymer ddrwg bron pob nos. Mae hi'n canu i'r Creadur a'i suo.'

'Creadur? Yn y pwll?' gofynnodd Mrs Owen.

'Blin a gwyllt!' meddai Mrs Jones yn sinistr.

'Ia, Mirain!' cadarnhaodd Mrs Roberts.

Ebychodd y dorf a dechrau parablu ymysg ei gilydd.

Yr union yr un pryd y gofynnodd Mr Jones y cwestiwn, 'Beth sydd ar fai?'... a'r union yr un pryd aeth hen ŵr yn y sêt gefn i gysgu... a'r union yr un pryd yr hedfanodd gwylan heibio'r ffenest... yr oedd y Parch Evan Davies yn rhuthro i fyny'r llwybr tuag at y festri, yn hwyr, wedi anghofio'r amser, ar ôl bod yn ymarfer ei bregeth. Wrth iddo nesáu, cyfarwyddodd ei glustiau â thôn awdurdodol Mr Jones ac fe glywodd ei eiriau. Arafodd y Parch Davies nes ei fod yn cerdded, er mwyn medru gwrando, ac fe glywodd eiriau twyllodrus Mrs Roberts. Roedd y Parch ar fin troi'r gornel i brotestio'n uchel pan glywodd enw Mirain am yr eilwaith. Safodd yn stond a chlustfeinio'n astud.

'Tawch, tawch!' bloeddiodd Mr Huws, 'gawn ni rywfaint o drefn os gwelwch yn dda?'

Wedi rhai munudau, daeth yr ymgynulliad i drefn.

'Pa mor fawr ydi'r peth 'ma?' holodd Mr Huws, a'i lygaid fel dau leuad llawn.

'Anferth, Mr Huws,' sibrydodd Mrs Roberts, gan lyfu'i gwefusau, 'tydw i erioed wedi gweld peth mor fawr!' Trodd ei llygaid a'u hoelio ar Mr Jones, gan sychu'i gwefus a'i bys bach.

'A hwn ydi achos yr holl lanast?' holodd Mr Huws eto.

'O ia, dwi'n siŵr o hynny!' chwarddodd Mrs Roberts.

Am eiliad bu'r dorf yn fud wrth geisio dychmygu Creadur mor fawr.

'Wel, does dim dwywaith. Bydd rhaid i ni gael gwared ohono!' gorchmynnodd Mr Jones a'i wyneb yn fflamgoch.

'Ei ladd o?' holodd Mrs Jones yn syn. 'A ninnau mewn capel!'

'A dydi hynny ddim yn ecolegol iawn!' atebodd Mrs Owen.

'Wel, bydd rhaid i ni ei ddal o yn gyntaf!' atebodd Mr Owen yn bendant.

'A sut y gwnawn ni hynny?' gofynnodd Mr Jones yn ddirmygus.

'Fedran ni ei glymu i fyny a'i daflu i dwll!' cynigiodd Mrs Owen wrth godi plentyn bychan, ei gosi, a'i sodro ar ei glin.

'Bydd angen mwy na rhaff i ddal hwnna!' chwarddodd Mrs Roberts eto.

'Tsiaen, 'ta?' gofynnodd Mr Roberts yn sarrug, 'Mae 'na un yn y garej!'

'Rhy denau,' atebodd Mrs Roberts yn swta.

'Yr un sy'n y sied, 'ta?'

'Na, rhy fach,' atebodd Mrs Roberts yn colli amynedd.

'Wel, be am yr un i fyny yn y stafell...?'

'Sssssh!' torrodd Mrs Roberts ar ei draws, 'Wneith honno ddim mo'r tro chwaith!'

Gwridodd Mr Roberts. Gwridodd Mr Jones hefyd.

'Mae gen i fêt sy'n weldar. Boi sgrap gora'n yr ardal – Wil. Mi fysa fo'n medru cael gafael ar dsiaen hir dew. Am y pris iawn, 'de?' dywedodd Mr Owen.

'Gwych!' bloeddiodd Mr Huws mewn rhyddhad, 'Dwi'n siŵr y bydd pawb o'r farn y bydd y pris yn dderbyniol iawn, gan gofio'r difrod y mae'r creadur 'ma wedi'i achosi! Ewch chi yn eich blaen i drefnu, Mr Owen, a gwneud yn siŵr fod y dsiaen yn un ddigon hir a thrwchus, yndê?'

Nodiodd Mr Owen a chytuno gyda salíwt.

Ond fel yr ydych chi i gyd yn siŵr o gofio, roedd y Parch Evan Davies yn dal i glustfeinio wrth y drws. Wedi clywed y sgwrs, trodd yn ei ôl mewn cywilydd a sleifio i lawr y llwybr heb i neb ei weld.

Yn ôl yn y festri, roedd y cawl wedi dechrau ffrwtian. Wedi trefnu gwneud y dsiaen, bu cryn drafod i le yr oeddynt am lusgo'r creadur a sut yr oeddynt am wneud hynny. Penderfynwyd ar y lle yn ddigon rhwydd, gan mai'r unig 'dwll' digon mawr yn ddaearegol i ddal rhywbeth o'r maint hwn oedd Llyn Ffynnon Las neu Lyn Glaslyn, fel yr ydan ni'n ei adnabod heddiw, fel dywedodd Mr Jones. A doedd neb am ddadlau efo fo gan fod pawb yn cofio eu hamser yn yr ysgol.

'Mae gen i fêt sy'n ffarmio yn ne Cymru,' dywedodd Mr Owen. 'Andros o foi mawr cryf – Huw Garn neu Hu Gadarn, fel oedd pawb yn ei alw'n y coleg, flynyddoedd yn ôl. Roedd Huw yn mynd allan efo pwtan fach oedd yn hoffi ei alw o'n 'Rhy Gadarn' – achos ei fysls mawr, mae'n siŵr. Ond doedd hi ddim yn medru rowlio 'R', felly, 'Hu Gadarn' fuodd o i bawb 'rôl hynny. Beth bynnag, mae gan Hu ddau ych enfawr a fyddai'n sicr o fedru llusgo'r creadur mawr i fyny'r bwlch.'

'Gwych!' bloeddiodd Mr Huws.

A chododd pawb i fwyta'r brechdanau.

Yn ôl yn nhŷ'r capel, yr oedd y Parch Evan Davies yn poeni'n arw, ac yr oedd bron â dweud, 'Bydda'n ofalus, Mirain fach, roedd y pentref i gyd yn bresennol a phob un o blaid gwneud rhywbeth difrifol...' ond wnaeth o ddim. Gadawodd i'w ferch basio heibio iddo, gan ddweud dim ond, 'Gwna'n siŵr dy fod adref cyn iddi nosi, Mirain. Wneith hi ddim mo'r tro i bobol dy weld yn crwydro'r stryd liw nos.'

Ond fel yr ydach chi i gyd yn gwybod siŵr o fod, pan oedd Mirain yn flin, roedd y Creadur yn anesmwyth. Y noson honno, yn dilyn y fath sarhad, cynddeiriogwyd y Creadur.

A thrannoeth, tra oedd y pentrefwyr, fel arfer ar ôl noson o'r fath, yn brysur yn twtio ac yn trwsio, yr oedd Mirain yn nofio'n dawel ar wyneb Llyn yr Afanc ac yn canu'n swynol. Y Creadur a hithau ymhleth ac yn gadael i lif y llyn fynd â nhw fel y mynnai.

Cyrhaeddodd Hu Gadarn y pentref wrth i'r wawr dorri a chyn i'r rhan fwyaf godi o'u gwlâu. Cyfarfuwyd y cawr gan ddynion y pentref. Cuddiwyd yr ychen yn nhŷ gwair un o'r ffermwyr a thywyswyd Hu yn syth i gartref Mr Jones er mwyn cynllwynio. Eisteddodd Mr Jones ar ben y bwrdd a Hu Gadarn yn ei wynebu. Bu raid nôl cadair heb freichiau i Hu, gan fod ei gorff mor llydan. Methodd â stwffio'i hun rhwng dwy fraich y gadair wreiddiol. Roedd ei bengliniau'n crafu gwaelod wyneb y bwrdd, a'i ben bron yn taro'r golau oedd yn hongian uwch ei ben. Sylweddolodd Mr Jones bod siâp od iawn i'w glustiau a'u bod yn debyg i flodfresych.

Gan ddefnyddio'r bowlen ffrwythau fel llyn, a'r halen, pupur, y cwpanau a rhai ffrwythau, llwyddodd Mr Jones, Mr Huws, Mr Owen, Mr Roberts, Hu Gadarn a Wil y Weldar i greu cynllwyn cyfrwys iawn.

Ond fel yr ydach chi i gyd yn gwybod siŵr o fod, mae cyfnod o dawelwch cyn pob storm. Ac fel yr oedd Wil a Hu yn paratoi, aeth pethau yn eu blaen fel arfer yn y pentref. Parhaodd Mrs Owen i roi'r cyw iâr ar y bwrdd ar gyfer cinio dydd Sul cyn i'r plant gyrraedd adref o'r capel... parhaodd Mr Huws i gau drws siop y gornel a throi'r arwydd i 'wedi cau', gan wthio papur decpunt o'r til i boced ei gôt yn barod am y bwcis... parhaodd Mrs Roberts i ailwisgo ei bra a chwifio'i hances lês drwy'r ffenest ar Mr Jones, oedd yn llithro trwy'r giât gefn i'r lôn fach.

Ond fel yr ydach chi i gyd yn gwybod siŵr o fod, tydi tawelwch byth yn aros yn yr un lle am amser hir. Y noson honno, a hithau'n noson gynnes, desog o haf, yr oedd Mirain wrthi'n eistedd ar lan y pwll, a'i thraed noeth yn chwarae yn y dŵr. Tynnodd ei siôl yn dynnach amdani a siglodd yn ôl ac ymlaen i rythm ei chân.

Yn sydyn, clywyd clec fechan, fel petai rhywun wedi sefyll ar frigyn ar ochr arall y pwll. Cododd y Creadur ei ben a nofio i'r wyneb. Safodd y byd yn stond am eiliad. Yna'n annisgwyl, clywodd Mirain sŵn dail yn siffrwd i'r chwith ohoni, yna i'r dde. Dechreuodd y Creadur chwyrnu a chodi ei hun yn uwch. Roedd wyneb Mirain yn welw yng ngolau'r lloer a'i llygaid, erbyn hyn, yn ymddangos yn ddu. Disgleiriai ei dannedd yn wyn. Yna, clywyd sŵn tincial metel a heb oedi munud yn fwy, rhuthrodd y pentrefwyr yn eu blaenau gan gario'r dsiaen hir, drom, fel neidr ddisglair.

Amgylchynwyd y pwll gan y dorf, yn barod am frwydr. Rhuodd y Creadur wrth i Hu Gadarn neidio ar ei gefn a dechrau clymu'r dsiaen o amgylch ceg ysgyrnygus y bwystfil. Sgrechiodd Mirain. Gwingodd y Creadur a throi ei gorff, gan waldio'r dŵr â'i gynffon dew. Clymodd Hu Gadarn y dsiaen yn dynnach a dechreuodd rwymo pen a gwddw'r Creadur mewn dolenni o fetel. Trodd y Creadur ei gorff, yn sydyn, a chreu pont â'i gefn nes taflu Hu Gadarn drwy'r awyr. Glaniodd y cawr yn y dŵr chwyrn. Rhuthrodd Mr Huws a Mr Roberts at ochr y pwll a chrafangu am grys Hu Gadarn, a'i dynnu allan o'r dŵr.

Trodd y Creadur yn wyllt a chwyrlïodd ei gorff o amgylch y pwll gan greu tonnau enfawr. Chwifiodd ei gynffon o un ochr y pwll i'r llall yn ffyrnig, gan geisio niweidio'r pentrefwyr a oedd erbyn hyn wedi rhedeg i dir uwch. Mor gandryll oedd y Creadur!

Yn y gwallgofrwydd, cipiwyd Mirain, mathrwyd hi yn erbyn y creigiau a suddodd ei chorff bach toredig i waelod y pwll. Mewn poen, trodd y Creadur ei gorff yn ffyrnig, fel chwrligwgan. Rownd a rownd yn y dŵr yr aeth nes i'r dsiaen dynhau o amgylch ei gorff. Yn sydyn, peidiodd â symud. Gwelodd y pentrefwyr yr olwg gynddeiriog yn ei lygaid yn troi nes eu bod yn llawn arswyd. Roedd y dsiaen wedi ei lapio o amgylch corff y Creadur, o'i ben i'w gynffon, a dechreuodd ei gorff suddo yn is ac yn is. Roedd y Creadur yn gaeth.

Chwibanodd Wil, ac yn ddi-stŵr, arweiniwyd yr ychen enfawr at y lan. Clymwyd y dsiaen wrth ffrâm ledr a haearn, yn slic, ac wedi gwaedd oddi wrth Hu Gadarn, llusgwyd y Creadur o'r dŵr.

Syllodd y dorf mewn syndod ar y Creadur, yn anadlu'n ddwfn ar lan y pwll. Yna, yn sydyn, clywyd gwaedd o lawenydd o ganol y dorf a dechreuodd y pentrefwyr weiddi, canu a chwerthin mewn rhyddhad. Dan ddawnsio a gwasgu'i gilydd yn dynn, trodd y pentrefwyr yn ôl am adref, gan longyfarch ei gilydd, yn hapus bod y dasg wedi'i chyflawni. Gwenodd Hu Gadarn ar Wil y Weldar. Cododd Wil ei fawd.

Gadawyd y Creadur yn unig ar lan y llyn, wedi ei glymu'n ddiogel.

Yng nghanol y nos, yn araf ac yn ddistaw, sleifiodd y Parch Evan Davies o'r cysgodion. Cerddodd at ochr y pwll i sbio. Ochneidiodd yn uchel a dihangodd cri fechan o'i berfedd. Peidiodd â symud. Ar ôl cyfnod hir, cerddodd i sefyll o flaen y Creadur. Syllodd yn ddwys i lygaid y bwystfil a syllodd y Creadur yn ôl yn drist. Estynnodd y Parch Evan Davies ei law ac esmwytho talcen y Creadur yn annwyl. Gyda dagrau'n cronni yn ei lygaid, trodd y Parchedig ei gefn a llithrodd yn ôl i mewn i'r cysgodion.

Ond fel yr ydach chi i gyd yn gwybod siŵr o fod, y bore wedyn, i sŵn y band a'r bobol, fe lusgwyd y Creadur i Lyn Glaslyn. O Lyn yr Afanc, trwy bentref Dolwyddelan, trwy Fwlch Rhiw yr Ychain, ar hyd llethr gorllewinol Gwaun Llygad yr Ych. Yn ôl Mr Huws, aeth y Creadur yn sownd yn y fan honno, rhwng dwy graig, a gorfu i'r ychen dynnu nes i lygad un ohonynt ddod allan o'i ben oherwydd y straen, a rhowlio i lawr y llwybr. Crewyd llyn newydd o'r dagrau hynny – llyn o'r enw Pwll Llygad yr Ych.

Yn ôl y sôn, pan welodd y Creadur Lyn Glaslyn, ar ôl i'r pentrefwyr ei ryddhau, neidiodd yn syth dros ochr y dibyn ac i mewn i'r dŵr islaw.

Ac yn ôl rhai, roedd y Creadur i'w weld yn glir, a'r funud nesaf gwelwyd rhywbeth yn debyg i wallt merch yn y dŵr, a'r eiliad nesaf doedd dim i'w weld yno o gwbl, dim ond wyneb y llyn, yn llonydd fel drych.

Ar Drywydd
Gwenffrewi

CRIW SGWENNU BYS A BAWD:
CERI WYN DAVIES, GLENYS TUDOR DAVIES,
MARGIAD DAVIES, IONA EVANS,
DELYTH WYN JONES, DWYNWEN BERRY

'SGWENNWCH STORI,' MEDDA'R STEDDFOD, 'stori cyn cinio'. 'Un stori? Ond ma 'na chwech ohonan ni.' 'UN stori,' meddan nhw. 'Mi fasa'n anrhydedd,' meddan ni, heb wbod yn iawn lle i ddechrau. 'O, a ma isio hi fod ar sail chwedl Gwenffrewi,' medda'r Steddfod – a ffwr â nhw! 'Be?' meddan ni – heb wbod fawr o hanes Gwenffrewi – ond isio bod yn ufudd i'r Steddfod! Felly dyma ymchwilio, ac ymweld, a dychmygu dipyn go lew – a dysgu lot fawr a chreu ambell i stori ar y ffordd.

Yn ôl ein damcaniaeth ni hogan gyffredin oedd Gwenffrewi yn byw yn Sychnant, yn ymyl tre Treffynnon heddiw – nith i Beuno Sant a hogan dda, ond dim byd spesial iawn. Ond mi ddigwyddodd 'na wyrth… ond fasa Gwenffrewi ddim wedi gwbod llawar iawn am hynny, dim ond ei bod wedi aros adra ryw fora Sul heb fynd i'r eglwys i'r offeren hefo'i rhieni – cur pen ne rwbath ma siŵr – ac mi dda'th Caradog heibio â'i fryd ar ei phriodi. Ond doedd Gwen ddim yn ei ffansïo a phan aeth o i ddechra mynd i'r afael hefo hi mi redodd hi i ffwrdd tuag at yr eglwys. Peth nesa roedd o ar ei hôl hi a'i gleddyf yn ei law! Doedd Gwenffrewi yn cofio dim am be ddigwyddodd wedyn – ond dyma oedd stori Serus ei ffrind penna hi…

Stori Serus

Rhedais allan o'r eglwys nerth 'y nhraed pan glywais sgrechian afreolus tu allan. Ar fy ôl daeth Beuno a gweddill y gynulleidfa. Gwelais Gwenffrewi yn rhedeg tuag ataf wedi dychryn am ei bywyd ac yn dal i sgrechian nerth ei phen. Yn dynn ar ei sodlau roedd Caradog, yn chwifio cleddyf ac yn gweiddi fel gwallgofddyn nad oedd neb yn cael ei wrthod o! Cyn i mi gael cyfle i wneud dim, trawodd Caradog wddw Gwenffrewi gyda'i gleddyf miniog, mor ffyrnig nes bod y gwaed yn tasgu fel pistyll o'i gwddw. Disgynnodd i'r ddaear yn glec! Pan sylweddolodd Caradog beth oedd wedi ei wneud, taflodd y cleddyf ar lawr a rhedeg i lawr y bryn. Melltithiodd Beuno ef, ac ar y gair, agorodd y ddaear a llyncu Caradog yn y fan a'r lle! Wir yr – mi ddiflannodd heb ddim sôn amdano!

Gan gredu bod Gwenffrewi wedi marw, rhoddodd Beuno ei glogyn drosti a mynd ar ei liniau i weddïo. Yn sydyn, gwelais symudiad o dan y clogyn a gwaeddais ar Beuno 'Mae hi'n fyw!' Tynnodd o'r clogyn yn araf oddi arni. Roedd wyneb Gwenffrewi cyn wyned â'r galchen a'i dillad sidan tlws wedi eu gorchuddio â'r gwaed oedd yn tasgu allan o'r briw agored yn ei gwddw. Ond gyda chymorth ei mam, llwyddodd Beuno i atal y gwaedu. Yna torrodd i weddïo'n uchel gan ymbilio ar Dduw i'w hiacháu. Ar yr eiliad honno, daeth lliw i'w gruddiau a chododd ar ei heistedd. Cymerodd ei thad hi i'w freichiau, a'i chludo'n gariadus i'r eglwys. Wrth i mi godi o 'nghwrcwd i'w dilyn, gwelais ddŵr glân gloyw yn codi o'r ddaear ble roedd Gwenffrewi wedi bod yn gorwedd. Welais i erioed unrhyw ddŵr yn codi yn y fan honno o'r blaen! Fedrwn i ddim meddwl beth tybed oedd ystyr hyn.

Falla fod Serus yn hogan go ddramatig – ond beth bynnag oedd gwirionedd y stori yma, mi a'th bob dim dros ben llestri yn fuan iawn – rhai yn deud bod y ddaear wedi llyncu Caradog, eraill fod pen Gwenffrewi wedi ei dorri oddi ar ei hysgwyddau yn llwyr, a'r ffynnon wedi codi yn y fan a'r lle – a wedyn y straeon yn cychwyn am iachâd gwyrthiol i rai oedd yn trochi yn nŵr y ffynnon. Roedd Gwenffrewi yn arwres, yn ferthyr, yn santes, yn ferch arbennig iawn, iawn.

Wrth gwrs roedd hi'n ddiolchgar i Beuno am ei hachub, ac isio gwneud rhywbeth i ddiolch iddo a chan ei bod yn gwbod fel yr oedd o'n teithio'r wlad ym mhob tywydd yn efengylu, yn aml yn wlyb at ei groen, mi gafodd hi syniad…

Clogyn Beuno

Ro'n i mor ddiolchgar i Beuno am fy achub, y peth lleiaf fedrwn i ei wneud oedd pwytho clogyn iddo.

Ar ôl i'r defaid gael eu cneifio fe fyddwn wrth fy modd yn mynd allan i hel ffrwythau fel mwyar duon, ysgawen, amrywiol ddail coed, mwsog a chen cerrig, wedyn eu berwi a defnyddio'r trwyth i liwio'r cnu.

Yna fe fyddwn yn nyddu'r gwlân a'i wehyddu yn ddwbl er mwyn i'r clogyn fod yn wastad a chynnes. Weithiau byddwn yn defnyddio'r gwlân wedi ei liwio a thro arall yn defnyddio gwlân o wahanol rannau o gorff y ddafad i greu patrymau gwahanol.

Ar ôl gwehyddu'r clogyn byddwn yn ei ffeltio hefo asgwrn gan bigo'r gwlân er mwyn i'r saim naturiol greu haenen ar y tu allan er mwyn dal dŵr. I orffen byddwn yn creu botymau pren i gau'r clogyn, gan wneud brêd hefo gwlân main a chreu pwythau cywrain o'i amgylch i gysylltu'r ddau fotwm.

Roedd pobol yn galw Beuno yn 'Beuno Casul Sych', gan fod y clogynnau yn cadw ei gasul yn sych wrth iddo deithio ar hyd y wlad.

Y casul oedd y wisg hir a wisgai'r mynach o dan y clogyn — 'cassock' ydi'r gair yn Saesneg heddiw.

Roedd Gwenffrewi yn gweithio ar y clogynnau yn Sychnant ond pan aeth Beuno i Glynnog aeth hithau i leiandy yng Ngwytherin yn ymyl Llanrwst – i gael dipyn o lonydd oddi wrth yr holl bererinion oedd am ei gweld, mae'n debyg, a daliodd i wneud clogyn yn flynyddol i Beuno a'u hanfon i Glynnog. Dyna i chi sant efo wardrob go helaeth!

Ei modryb Eleri, chwaer Beuno, oedd wedi sefydlu'r lleiandy ac ar ôl iddi hi farw gwnaed Gwenffrewi yn bennaeth. Roedd pererinion yn dod yno i geisio ei bendith a threuliodd weddill ei bywyd yno yng Ngwytherin, hyd ei marwolaeth yn 45 oed ar y 3ydd o Dachwedd yn y flwyddyn 680.

Marw Gwenffrewi

Dwi'n clywed eu lleisia nhw – Riwth a Mair, fel ma'n nhw'n ffysian o gwmpas fy ngwely. Riwth a'i dwylo bach oer, cledwch gwaith ar eu cledrau. Mor braf ydi derbyn eu hoerni ar fy nhalcen wrth i'r gwres fy llethu. Dalia Mair fy llaw a sibrwd gweddïau – ei llais meddal fel siffrwd y nant. Mae'r poena yn gwaethygu, a gwn fod y diwedd yn dod. Caf fynd at fy Nghreawdwr a bydd y lleianod wedi paratoi bedd imi yn y fynwent wrth ochor fy modryb Eleri.

Claddwyd hi mewn llecyn yn agos at safle'r eglwys bresennol ac mae Tachwedd y 3ydd yn cael ei ystyried yn ddydd y Santes Gwenffrewi.

Ar ôl ei marw lledodd yr hanes am Gwenffrewi ac am y gwyrthiau yn Nhreffynnon. Clywodd y mynaich yn yr Amwythig am hyn a meddwl ffasiwn wastraff oedd gadael esgyrn santes o'r fath mewn pentref anghysbell fel Gwytherin. Mi fasa'n llawer mwy teilwng iddynt fod yn yr Amwythig, ac yn llawer haws i bererinion ymweld â hwy. Wrth gwrs doedd hyn ddim i wneud â'r arian fyddai'n cael ei ddenu i'r fynachlog – ond tybed fyddai pobol Gwytherin yn fodlon gadael i'w santes hwy gael ei dwyn i ffwrdd? Mae gennon ni ddamcaniaeth am be allai fod wedi digwydd!

Stori Symud Yr Esgyrn

Pan ddaeth y si i Wytherin, ac i glustiau'r offeiriad, allai o ddim credu'r peth – 'Oedd 'na unrhyw sail i hyn?' Wyddai o ddim, ond allai o ddim mentro anwybyddu'r peth. Galwodd yr holl blwyfolion ynghyd ac roedd pawb yn unfrydol fod yn rhaid gwneud rhywbeth ar unwaith.

Aeth pawb adref i nôl eu hoffer ac i hel mwy o bobol i helpu. Ymhen yr awr roedd pawb yn ôl ac yn barod am waith. Arweiniodd yr offeiriad hwy at fedd Gwenffrewi i gynnal gwasanaeth byr i ofyn am faddeuant am yr hyn yr oeddent ar fin ei wneud, tra hefyd yn gwybod mai hyn oedd y peth cywir. Yno, yng Ngwytherin y byddai hi isio aros.

Rhannwyd y dorf yn dair, arhosodd rhai yn y fynwent a dechrau ar eu gwaith wrth fedd Gwenffrewi; aeth criw arall i ffwrdd o'r pentref i gadw gwyliadwriaeth ac aeth y gweddill at foncyn bychan ar dir Ty'n Llan, yn wynebu drws yr eglwys, a marcio darn o dir, tynnu'r tywyrch yn ofalus a dechrau agor bedd newydd.

Yn y fynwent roedd yn rhaid tyllu'n ofalus rhag ofn iddynt geibio a thyllu'r esgyrn brau. Pan ddaeth yr asgwrn cyntaf i'r golwg roedd pawb wedi gwirioni ac eisiau ei gyffwrdd. Codwyd yr esgyrn o'r bedd yn ofalus, fesul un, a'u gosod ar garthen yn ymyl. Bendithiodd yr offeiriad nhw a chafodd cleifion y pentref gyfle i'w cyffwrdd cyn eu symud i'r bedd newydd ar dir Ty'n Llan. Gorchuddiwyd yr esgyrn â'r pridd, a chau'r bedd yn ôl, gan osod y tywyrch yn ofalus ar ei ben a'i droedio i lawr.

Gosodwyd esgyrn yr anifeiliaid yr oedd y trigolion wedi eu casglu gan y bugeiliaid yn yr hen fedd. Nid oedd penglog dynol ar gael, ond roeddynt am ddweud nad oedd neb ohonynt yn fyw pan y'i claddwyd hi, ac efallai fod ei phen wedi syrthio am iddo gael ei dorri i ffwrdd unwaith o'r blaen.

Rhoddwyd y pridd yn ôl yn y bedd a'i droedio i lawr yn dynn er mwyn tacluso'r fan a'i adael fel ag yr oedd y bore hwnnw.

Y noson honno aeth y pentrefwyr adre yn flinedig ond yn fodlon ar eu gwaith.

Trannoeth, rhedodd y goruchwylwyr oddi ar y bryn i lawr i'r pentref gan weiddi 'Maen nhw'n dod, maen nhw'n dod!'

Cafodd yr Abad o'r Amwythig fraw o weld y fath dyrfa mewn pentref mor wledig. Nid oedd wedi disgwyl hyn a doedd o ddim wedi paratoi am brotest. Bu'r pentrefwyr yn dadlau'n frwd a dweud nad oedd gan y myneich hawl i ddwyn y santes ac mai ei dymuniad oedd gorffwys yng Ngwytherin. Gwrandawodd arnynt ond eglurodd mai yn yr Amwythig y byddai Gwenffrewi yn cael y sylw teilwng ac y byddai cymaint haws i bererinion ddod yno i geisio ei nawdd. Yn rhyfedd iawn wnaeth y pentrefwyr ddim protestio llawer ond ildio i'r drefn!

Aeth gweithwyr yr abad ati i agor y bedd, gan gwyno bod y pridd yn galed a'r bedd yn ddyfn. Roedd rhai o'r pentrefwyr yn edrych arnynt dros wal yr eglwys, yn mwynhau eu gweld yn chwysu a thuchan. O'r diwedd daethant o hyd i'r esgyrn a'u cludo'n ofalus i'r Amwythig lle byddent yn denu cleifion yn gobeithio am iachâd gan esgyrn Gwenffrewi.

Credir fod darn o asgwrn Gwenffrewi yn yr amgueddfa yn Nhreffynnon ond mae pobol Gwytherin yn gobeithio na wna nhw byth brawf DNA arno.

Wrth i ni ymchwilio, sylweddolom – er cywilydd i ni a ninna'n byw yn yr ardal, bod Gwenffrewi yn adnabyddus iawn, a bod ei hanes wedi cyrraedd Llundain, a hynny cyn belled yn ôl â'r drydedd ganrif ar ddeg. Roedd y pererinion i'r Amwythig a Threffynnon yn Bwysigion Gwlad, a'r rhestr yn darllen fel rhestr 'Who's Who' brenhinol am ganrifoedd. Mae'n rhaid ei bod yn eitha pwysig oherwydd croniclwyd hanes yr ymweliadau mewn Lladin, sgwennwyd cywydd iddi gan Tudur Aled hyd yn oed, a dangosodd Edward Llwyd gryn ddiddordeb yn ei hanes.

Edward Llwyd a Tudur Aled

Eisteddodd Tomos wrth y bwrdd gyferbyn â'i fam, yn y gegin fechan yn ffermdy Llwyn Saint. Gafaelodd yn y llwy bren a llyncodd y llymru. Cyn iddo roi yr ail lwyaid yn ei geg clywodd gnoc ar ddrws y tŷ.

'Pwy sydd 'na tybed?' meddai Mari. 'Cer i weld, Tomos.'

Cododd Tomos a gwelodd ddyn tal yn pwyso ar y ffrâm. 'Pnawn da, tybed fedrwch chi fy helpu? Edward Llwyd ydi'r enw. Dwi wedi marchogaeth dros y mynydd o Bentrefoelas ac yn chwilio am bentref Gwytherin.'

'Rhyw filltir arall,' atebodd Tomos. 'Dewch i mewn am ddiod neu ychydig o lymru.'

Plygodd y dieithryn ei ben gan ddilyn Tomos i'r gegin dywyll a gosododd Mari fowlen o'i flaen ar y bwrdd.

'Ydych chi wedi dod o bell?' gofynnodd Mari.

'Dwi ar daith o amgylch holl Siroedd Cymru. Y tair ar ddeg ohonynt. Dwi'n enedigol o Sir Amwythig. Dyna sut y bu i mi glywed am y Santes Gwenffrewi ac awydd dod i weld lle bu'n byw er fod 'na fil o flynyddoedd wedi mynd heibio ers hynny.'

'Diolch i chi am y croeso.' Cododd Edward Llwyd gan roi ei het ar ei ben.

'Mi ddo i efo chi i'r pentra. Mae'n brysur iawn yno ganol dydd.

Mi wnaf eich tywys at yr eglwys. Gadewch eich merlen yma ac mi gerddwn lawr i'r pentref.'

Pan welodd Edward Llwyd y goeden ywen a warchodai'r Eglwys roedd wrth ei fodd gan ei fod yn naturiaethwr yn ogystal â bod yn fotanegydd, yn hynafiaethydd ac yn ieithydd.

'Mae 'na gist bren hen iawn yn yr eglwys. Credir ei bod yma ers cyfnod Gwenffrewi.' Roedd Tomos wrth ei fodd yn rhannu ei wybodaeth gyda'r dyn diethr.

'Wel, wel,' meddai Llwyd. 'Dwi am dynnu llun y greirfa ganoloesol yma. Mae'r cerfio arni yn gelfydd iawn. Mae gen i femrwn a siarcol yn fy mhoced. Glywsoch chi'r cywydd mawl ysgrifennodd Tudur Aled i Gwenffrewi?' gofynnodd i Tomos.

'Tudur Aled o Lansannan? Mae Llansannan dros y bryn acw. Nac ydw, dydw i ddim.'

'Bu iddo gyfansoddi hwn rhyw ddwy ganrif yn ôl erbyn hyn. Mi adroddaf linell neu ddwy i chi.

Y ferch wen, fu'r ychwaneg, fel yr oedd un fil ar ddeg.

Da 'di, yntê?

Main ac ôl gwaed mwnwgl gwyn.

O'dd yr hen Dudur Aled yn 'i medru hi, on'd oedd? Gwrandwch ar hyn, 'ta...

Y dall a wŷl, aed i'w llan,

A dyn crupl, o dôi'n cropian,

Doen yno â dyn annoeth,

Oddi yno daw yn ddyn doeth.

Cywydd ardderchog, 'dach chi'm yn meddwl? Dyna ni – dwi wedi gorffen sgetsio llun y gist. Mi fyddaf yn ei gadw'n saff yn amgueddfa'r Ashmolean yn Rhydychen lle dwi'n gweithio.'

Doedd gan Tomos ddim syniad lle roedd Rhydychen. Gwytherin oedd ei gynefin o.

Yn y canrifoedd ar ôl ymweliad Edward Llwyd daeth Treffynnon yn fwyfwy poblogaidd. Roedd tyrfaoedd yn heidio yno i drochi yn y dyfroedd gwyrthiol i geisio iachâd – a'r pentwr baglau yn ymyl yn dyst i'r gwyrthiau a gyflawnwyd. Biti na fasa'r baglau yn medru siarad – yn enwedig y fagl fach yn y gornel...

Stori'r Fagl Fach

Roeddwn ar bigau'r drain yn aros i weld oedd William bach yn mynd i fod yn iawn. Cafodd ei hebrwng yn ôl a 'mlaen dair gwaith drwy'r dyfroedd yn ôl y ddefod gyda help ei fam a'i dad. Wedyn clywais weiddi a gorfoleddu wrth iddo gerdded allan o'r cwt newid heb gymorth. Gwyrth! Disgynnodd yr offeiriad ar ei liniau a gweddïo i ddiolch am y rhyfeddod. Unodd pawb mewn gweddi o ddiolch o weld y bachgen bach yn cerdded ar ei ben ei hun am y tro cyntaf.

Fel roeddynt ar adael i fynd adra, trodd y bachgen yn ôl i'm codi o'r llawr, gan ddweud 'Dwi'm angen hon ddim mwy, nac'dw, Mam? Be wna i hefo hi?'

'Rho hi'n y gornel yn fan'cw hefo gweddill y baglau,' meddai'r offeiriad.

A chefais fy ngosod yn ddisymwth mewn piser mawr yn dal amrywiaeth o faglau o bob maint, lliw a llun! Y fi oedd y lleiaf ohonynt! Ma'n beryg na chaf i fyth fynd yn ôl i'r fferm efo William – does neb fy angen i yno rŵan. Ro'n i wedi fy ngadael yn amddifad yn fa'ma. Y cwbl y gallwn wneud oedd eu gwylio nhw'n dringo i fewn i'r drol yn llawen, a diflannu o'r golwg. Roedd wedi dechrau nosi erbyn hynny ac roeddwn yn teimlo'n is na bol neidr.

Yna'n sydyn, daeth llais wrth fy ochor yn dweud 'Cwyd dy galon, boi bach, mae fa'ma yn lle go ddifyr i fyw ynddo. Ma 'na ddigon o gwmni yn fan hyn.' A dechreuodd gweddill y baglau ddweud eu stori hwy am y gwyrthiau roeddent wedi eu gweld yn Ffynnon Gwenffrewi.

Ia, lle difyr iawn ydi fan hyn. Mae rhywbeth rhyfeddol yn digwydd yma'n aml. Dwi'n siŵr y bydda i'n hapus yn aros yn y gornel yma. A phwy a ŵyr, hwyrach y daw William bach yn ôl i'm gweld un diwrnod.

Ac mae'r pererinion yn dal i ddod hyd ein dyddiau ni. Pan oeddem ni yno mi welais i griw o bobol ifanc o Iwerddon, rhai yn ymdrochi, eraill yn mynd â dŵr adre – gan obeithio am iachâd neu help at ryw broblema. Mae ganddyn nhw ryw ffydd rhyfedd ond mae ambell un yn mynd yno heb unrhyw ffydd – dim ond galw am sgon jam a hufen yn y caffi, ond weithia mae petha rhyfedd yn digwydd...

Labrapŵdl

Roeddwn i'n benderfynol y noson honno 'mod i'n mynd i nôl y ci bach drannoeth. Gwneud y croesair yn fy ngwely oeddwn a digwydd taro ar yr hysbyseb.

Ar ôl galwad ffôn sydyn yn y bore, yn cadarnhau bod un ar ôl, i ffwrdd â mi am Dreffynnon. Cwmni oeddwn i ei angen a rheswm i fynd allan am dro. Labrapŵdl oedd yr ateb!

Lapiais y bwndel bach, del, meddal, coch yn y flanced a'i roi yn ofalus yn y bocs yr oeddwn wedi ei osod yn barod, ar lawr wrth y sedd flaen. Gorweddodd yn ofnus a chrynedig gan edrych arnaf â'i lygaid trist.

Gan ei bod yn dal yn eitha cynnar a minnau wedi dod mor bell, penderfynais biciad draw i weld y Ffynnon. Roeddwn wedi clywed amdani ond erioed wedi bod yno. Gadewais ffenest y car yn gilagored ac i ffwrdd â mi am y caffi am baned a sgon sydyn. Yn eistedd yn y gornel roedd gŵr golygus a'i wallt wedi britho. Sylwais ar ei lygaid glas, glas a gwenom ar ein gilydd.

Dim ond y fo a fi oedd yn cerdded o gwmpas y lle. Er nad oedd gennyf dywel eisteddais wrth ymyl y dŵr a rhoi fy nhraed i mewn.

'Ydi o'n oer?' gofynnodd wrth dynnu ei esgidiau a sanau a rholio ei drowsus ac eistedd nid nepell oddi wrthyf. Yno buon ni'n dau yn sgwrsio. Cydgerddodd efo fi i'r maes parcio dros y ffordd a dangosais Jac iddo. Gwneud ei waith cartref oedd Meurig y bore hwnnw. Eisiau trefnu trip dirgel i'r Gymdeithas Hanes a meddwl y basa Treffynnon yn addas fel un lle i ymweld ag o. Roedd am fynd yn ei flaen wedyn i ryw ganolfan arddio gyfagos.

Cyn mynd i'r car roeddwn wedi gwahodd Meurig draw am ginio dydd Sul ac roeddem wedi cyfnewid rhifau ffôn.

Mae pum mlynedd ers y cyfarfyddiad hwnnw yn Nhreffynnon a sawl cinio Sul wedi eu bwyta. Mae fy mhwysa gwaed wedi dod i lawr ac mae Jac yn cadw'r ddau ohonom yn ffit! Mi fuaswn i'n argymell i unrhyw un fynd am dro i Dreffynnon.

Dros y canrifoedd yn naturiol roedd 'na lawer iawn o sôn am Dreffynnon a'r Amwythig yn hanes Gwenffrewi druan, a llawer o drais ac annhegwch yn perthyn i'r ddau le, ac o'r herwydd efallai mai yng Ngwytherin yr oedd ei henaid fwya tawel. Ac roedd rhai pethau na ellir eu hegluro'n rhwydd yn digwydd yn y fan honno hefyd.

IVF

Ar ein ffordd adra o'r Clinic IVF yn Lerpwl oeddan ni – Emyr a fi
– y 'naddo' yn llygaid trist Dr Edwards wedi chwythu'r gobaith am
y dyfodol allan ohonan ni. Y cynnig olaf un hwnnw yn atalnod
llawn, mawr du bitsh.

Ar ein taith y p'nawn hwnnw roedd pob palmant a pharc
chwarae yn llawn o bramiau a mamau-boliau-mawr. Un hysbyseb
Johnson's meddal, mamol ar lŵp drwy ffenest y car.

I osgoi cyrraedd yn ôl at yr holi poenus, aethom am dro ar
hyd y caeau o olwg pawb. Dyma ni'n dilyn llwybrau llwydaidd y
defaid yng Ngwytherin. Dudodd Emyr y byddai'r awel yn clirio ein
pennau ac y byddem yn mendio'n calonnau toredig mewn amser.
'Steddom ar foncyn Ty'n Llan fel cwlwm bach tynn o siom a galar,
yn gwylio'r gwenoliaid yn fud.

Ymhen hir a hwyr soniodd Emyr rwbath am Santes Gwenffrewi,
a'r lleiandy oedd yn y fan hon gannoedd o flynyddoedd yn ôl.
Glywish i rwbath am Dreffynnon a phererinion ac am un o Saith
Rhyfeddod Cymru – ma Em wedi darllan am y petha 'ma – ond
toeddwn i'm yn y mŵd am wers hanes, a'n hanes ni wedi ei selio'n
barod yn y clinic ben bore. A ryw smalio gwrando oeddwn i, a
dim ond dwyn cysur o'i lais bas annwyl, a diolch mai y fo oedd
yn isda ar ei din yng nghanol cachu defaid efo fi yn llygad haul
y p'nawn.

Roedd heuldro'r haf wedi bod ddoe a gwyddwn y bydda pob
dydd o heddiw 'mlaen yn ddiwrnod hiraf.

Dal i rwdlan oedd Em a sôn mai heddiw, Mehefin 22ain, oedd
dydd merthyrdod Santes Gwenffrewi. Ella fod parablu yn ei helpu
o yn y galar, ond tawelwch oedd yn fy helpu i. A dwn i'm pam, hyd
heddiw, na wnes i sôn wrtho ar y pryd am yr ias sydyn ac wedyn y
gwres rhyfedda aeth drwyddaf y funud honno.

Cyn pen y flwyddyn roeddan ni yn ein hola, ar y llwybrau defaid
a lleisia ŵyn bach yn atsain yn y caeau o'n cwmpas. Roeddan ni'n

dri o bererinion y tro yma. Gweni fach, yn glyd yn y papŵs ar frest ei thad – a minna yn gosod tusw bach o floda ar foncyn Ty'n Llan – i ddiolch i Gwenffrewi am ein Gweni fach ni.

Chwedl Cae'r Melwr

EIDDWEN JONES

'WN I DDIM YN y byd mawr sut y mae pobl Cae'r Melwr mor gyfoethog. Maen nhw'n dweud eu bod nhw'n rholio mewn arian,' meddai Meri Jane wrth ei ffrind gorau, Magi Llwyd. Eisteddai'r ddwy ar y fainc o dan y goeden afalau yng ngardd bwthyn tlodaidd Meri Jane. Gwraig weddw dlawd oedd Meri, yn byw gyda'i mab Jac ar stad Cae'r Melwr.

'Wn i ddim pam wyt ti â chymaint o ddiddordeb yn eu harian; maen *nhw'n* ddigon clên efo ti a Jac,' atebodd Magi Llwyd, gan fyseddu gwaelod ei ffedog efo un llaw a gafael mewn cwpaned o ddiod dail â'r llaw arall, wedi ei wneud gan Meri Jane. 'Dwi'n gwybod hynny, ond fedra i ddim peidio â dyfalu o ble mae o'n dod, o'i hochr hi neu ei ochr o? Mae'r ddiod dail 'ma'n ardderchog ac yn torri syched ar fin nos mor braf â hyn.'

Roedd wynebau'r ddwy mor grychiog â'i gilydd, eu gwisgoedd yn fratiog a di-raen, a golwg bryderus ar eu hwynebau. 'Wyt ti'n poeni am arian wedi i Wil druan farw?' holodd Magi. 'Ydw, ond fel wnes i ddweud, mae

Musus Cae'r Melwr yn dda wrthyf. Dwi'n gwneud dipyn o olchi a glanhau yn y tŷ a dwi'n cael ceiniog neu ddwy am fy ymdrechion. Ond mi fyddwn yn hapusach pe bawn i'n gallu gofalu bod Jac yn cael dipyn o addysg. Mae'n hogyn clyfar, ti'n gwybod,' ychwanegodd Meri gyda balchder.

Eisteddodd y ddwy heb yngan yr un gair am ychydig o funudau. Yna, meddai Magi, 'Mae'n fachlud hyfryd dros ddyffryn Conwy heno 'ma.' Nodiodd Meri yn fyfyrgar ac yna torrwyd ar draws ei meddyliau gan Jac yn gweiddi, 'Mam, Mam, mae gen i newyddion ardderchog.' O dan ei gwynt clywyd Meri yn ochneidio'n isel ac yn dweud, 'O diar, be mae'r hogyn 'ma eisiau rŵan, tybed?'

Roedd Jac wedi cynhyrfu ac wedi colli ei wynt yn lân ac yn baglu dros ei eiriau. 'Dwi wedi bod yn chwarae yng Nghae'r Melwr efo Elen ac mae ei thad wedi trefnu iddi fynd i Ysgol Rad Llanrwst i gael dipyn o addysg. Ac mae o am roi cyfle i mi fynd i'r ysgol efo Elen. Mi ga i ddysgu sut i gyfri, ysgrifennu a darllen. Plis ga i fynd? Mi fydd Elen a fi yn gallu teithio i'r ysgol efo'n gilydd. Dydi o ddim yn bell.'

Bachgen bochgoch naw oed oedd Jac. Roedd o'n dal am ei oed, gyda gwallt du cyrliog, ac yn llawn afiaith ac egni. Ei ffrind gorau yn y byd oedd Elen Cae'r Melwr. Roeddynt bob amser yng nghwmni ei gilydd, yn chwarae ac yn chwerthin. Os oedd un o gwmpas doedd y llall byth ymhell.

Daeth y diwrnod mawr pan gychwynnodd Elen a Jac yn ddisgyblion yn Ysgol Rad Llanrwst. Miss Parri oedd yr athrawes. Roedd hi'n un flin, bob amser yn gwisgo sgert hir ddu a ffedog laes dros y sgert. Byddai ei gwallt wedi ei dynnu yn dynn a'i wisgo ar dop ei phen. Roedd ganddi gansen wedi ei thorri o bren cyll a doedd hi ddim yn arbed ei defnyddio ar blant drwg. Roedd ei llais fel utgorn a phawb yn swatio pan oedd ganddi rywbeth i'w ddweud. Roedd Elen a Jac yn ffefrynnau ganddi, oherwydd bod y ddau yn beniog ac yn barod i ufuddhau. Buan iawn y daeth y ddau i ddysgu darllen ac ysgrifennu ac roedd Jac yn arbennig o dda am gyfri a gwneud syms.

Wrth iddynt deithio yn ôl ac ymlaen roeddynt yn gosod posau i'w gilydd ac yn cael hwyl fawr wrth geisio cael y gorau, y naill ar y llall. Roeddynt yn hapus yng nghwmni ei gilydd ac ymhen blwyddyn neu ddwy daeth yr amser pan fu'n rhaid i Jac adael yr ysgol a mynd i weithio. Ar y prynhawn olaf un, o dan y goeden dderw fawr ar eu llwybr, meddai Jac wrth Elen, 'Mae dy dad wedi cynnig gwaith i mi fel gwas acw yng Nghae'r Melwr. Dwi wedi derbyn ei gynnig ac rwy'n cychwyn dydd Llun nesaf... Dwi isio dweud rhywbeth wrthyt ti, ond cofia paid â dweud wrth neb.' Nodiodd Elen yn syn, ei chalon yn cyflymu gan feddwl pa gyfrinach oedd Jac am ei ddatgelu.

O dan y goeden dderw honno gafaelodd Jac yn swil yn llaw fach Elen gan edrych i fyw ei llygaid a dweud,

'Elen, dwi'n dy licio di yn ofnadwy. Ti ydi fy ffrind gorau.' Cochodd Elen at ei chlustiau ac meddai, 'Jac, dwi'n dy licio di yn ofnadwy hefyd, a dwi isio i ni fod yn ffrindiau gorau am byth.'

'O mi fyddwn ni, dwi'n siŵr o hynny,' atebodd Jac gan blygu ymlaen a rhoi cusan fach dyner ar foch Elen. Gwridodd Elen yn ddyfnach fyth, at wreiddiau ei gwallt cyrliog melyn, ond teimlodd yn hynod o hapus. Roedd yn braf gwybod bod Jac a hi am fod yn ffrindiau gorau am byth.

Chwarddodd y ddau, eto roedd teimlad o swildod wedi dod trostynt wrth iddynt fynd ar eu taith tua Cae'r Melwr.

Gweithiodd Jac yn galed yng Nghae'r Melwr ac roedd ei feistr yn ei ganmol i'r cymylau. Wedi'r cyfaddefiad a'r gusan o dan y goeden dderw, roedd hi'n anodd i Elen a Jac, pan oedd eu llwybrau'n croesi ar glos y fferm. Ambell waith byddai Elen yn mynd o'i ffordd i wneud yn sicr eu bod yn cyfarfod, a hynny pan oedd Jac ar ganol rhyw orchwyl arbennig. Ar yr adegau hynny byddai Elen yn cael ambell i winc slei ganddo, a phan na fyddai neb yn debygol o sylwi byddai Jac yn taro bys ar ei wefus ac yna'n ei blannu ar foch Elen. Ond daeth newid ar fyd pan ddeallodd Elen bod ei rhieni am iddi fynd i ysgol yn Lloegr am gyfnod er mwyn dysgu sut i siarad Saesneg yn iawn. 'Dwi ddim isio mynd i ddysgu Saesneg,' cwynodd.

Roedd ei chalon wedi torri. Llwyddodd i ddenu Jac i un o adeiladau'r fferm i rannu'r newyddion drwg. Roedd Jac hefyd yn hynod o drist, ond meddai wrth Elen, 'Dos di i Loegr i ddysgu Saesneg. Dan ni'n siŵr o feddwl am ryw ffordd i ddatrys y broblem hon. Fyddi di ddim yno am byth.' Cymerodd Elen yn ei freichiau ac am y tro cyntaf cusanodd hi'n frwd ar ei gwefusau.

Aeth amser heibio ac yn ystod gwyliau'r ysgol fe fyddai Elen yn treulio cyfnodau gartre yng Nghae'r Melwr ac yn dwyn ambell i orig felys yng nghwmni Jac. Fodd bynnag, erbyn i Jac fod yn ugain oed, roedd wedi ei ddyrchafu yn hwsmon. Roedd ei fam dlawd wedi gwirioni ac yn dweud wrth bawb am ddyrchafiad ei mab. Roedd gŵr Cae'r Melwr hefyd yn credu mai Jac oedd yr amaethwr gorau yn y fro ac meddai yn y farchnad un diwrnod, 'Does neb tebyg iddo rhwng Caer a Chonwy.'

Buan y daeth cyfnod Elen yn yr ysgol yn Lloegr i ben a phan ddychwelodd i Gae'r Melwr roedd hi'n ferch ifanc hardd a gosgeiddig ac yn gallu siarad Saesneg yn rhugl. Oherwydd bod Jac a hi yn gymaint o ffrindiau, dechreuodd ymweld â'i fam yn ei bwythyn bach tlawd a chael croeso mawr.

Ambell dro byddai Elen yn galw pan oedd Jac ar ei swper. Ar adegau fel hyn byddai Mam Jac yn dweud wrtho am ddanfon Elen adre am ei bod yn dechrau tywyllu a hynny heb feddwl am eiliad bod y ddau yn cofleidio ac yn cusanu'n frwd yng nghysgod y coed ar y llwybr i Gae'r Melwr. Buan aeth y si ar led bod y ddau'n caru'n glos, a hynny am fod un neu ddau wedi bod yn sbecian arnynt tu ôl i ambell goeden.

Pan ddaeth y storïau i glyw tad Elen doedd o ddim yn hapus o gwbl. 'Dwi isio i Elen briodi uchelwr, gŵr ifanc o dras, nid gwas ffarm. Rhaid i ni feddwl am ffordd i wahanu'r ddau,' meddai wrth ei wraig un noson.

Un diwrnod cafodd ddeall gan ŵr y Plas bod yna ddyn pwysig iawn o Loegr yn dod i aros ym Mhlas Gwydir a bod ganddo ddiddordeb mawr mewn amaethu. Penderfynwyd y dylai Jac arwain y gŵr dieithr o gwmpas Cae'r Melwr, ac ar yr un pryd roedd gofyn iddo wneud argraff ar y gŵr pa mor wybodus oedd o fel amaethwr. Gweithiodd Jac yn galed yn paratoi am yr ymwelydd pwysig. Roedd rhaid i popeth fod yn berffaith ar y fferm ac roedd yn ofynnol i'r gweision eraill fod yn barod i godi cap a siarad ychydig o Saesneg. 'Ond, Jac, fyddwn ni ddim yn ei ddeall o'n siarad,' cwynodd rhai o'r gweision. 'Peidiwch â phoeni, mi fyddaf i yno ac rydw i'n gallu dipyn go lew o'r iaith fain,' atebodd Jac yn hyderus.

Gwawriodd y diwrnod mawr ac, fel y digwyddodd hi, roedd hi'n hynod o braf ym mis Medi a phawb yn brysur efo'r cynhaeaf ŷd. Daeth gŵr Cae'r Melwr i gyflwyno'r dieithryn i Jac, ac am weddill y bore aeth Jac ac yntau o amgylch y fferm yn egluro bob dim i'r ymwelydd. Roedd

Jac yn falch ei fod yn gallu sgwrsio cystal yn Saesneg. Yn y prynhawn, wedi cinio ganol dydd ardderchog o gig oen Cymreig, tatws, pys a ffa a tharten rhiwbob a hufen yn bwdin, aethant allan i weld y gweision yn cynaeafu. Cododd pob un ei gap i'r ymwelydd a gwenu'n ddel.

Roedd y dieithryn wedi gwirioni ar y ffordd roedd Jac yn rhedeg y fferm. Dros swper o ham cartre, piclau nionod, cabaits coch a sawl tafell o fara cartre a menyn ffres, gyda tharten eirin Mair i ddilyn, cynigiodd yr ymwelydd i Jac fynd yn ôl i Loegr gydag o, i gymryd gofal o'i fferm fawr yno. Ar y dechrau doedd meistr Cae'r Melwr ddim eisiau colli Jac ond o feddwl am y stori bod Jac ac Elen yn caru ac yn paratoi i briodi, gorau po gyntaf i Jac fynd cyn belled ag oedd yn bosib o Gae'r Melwr.

Er syndod i bawb cytunodd Jac i fynd gyda'i feistr newydd i Loegr ymhen ychydig ddyddiau. Ar y slei, yng nghysgod yr ydlan, ceisiodd Jac egluro wrth Elen beth oedd yn mynd i ddigwydd. 'Paid â mynd, Jac,' plediodd Elen yn ei dagrau. 'Be ydw i'n mynd i'w wneud yma ar fy mhen fy hun?' 'Gad i ni edrych ar hyn fel profiad. Fe ddaw haul ar fryn eto ac fe weithiwn ni rywbeth allan,' cysurodd Jac, gan ei chofleidio, ei chusanu a rhedeg ei fysedd drwy ei gwallt hardd.

Wedi i Jac fynd i Loegr, gan ymddangos yn frwdfrydig am yr antur fawr, edifarhaodd gŵr Cae'r Melwr a'i wraig eu bod wedi coelio rhai o'r storïau am Elen a Jac. 'Dwi'n credu mai storïau ffug oedden nhw. Rhaid i mi ddweud nad oedd yr un o'r ddau yn poeni fawr ei fod yn mynd mor bell,' meddai wrth ei wraig.

Wrth gwrs, roedd mam Jac wedi torri ei chalon wrth weld ei mab golygus a charedig yn gadael. Roedd ganddi hiraeth mawr ar ei ôl a chriodd ei hun i gysgu sawl noson. Digiodd yn bwt efo meistr Cae'r Melwr. Pan fyddai'n mynd i'r fferm i weithio roedd yn anodd iawn ganddi edrych i'w gydnabod yn sifil hyd yn oed. Dros baned o de un prynhawn hydrefol, meddai wrth ei ffrind Magi Llwyd, 'Yr hen genau iddo, fedra i ddim sbio arno bellach a fynta wedi cytuno i Jac ni fynd mor bell i ffwrdd, a dydw i ddim yn gallu darllen ei lythyrau chwaith.'

'Dwi'n gallu darllen ac ysgrifennu. Mi wna i ddarllen ei lythyrau a sgwennu pwt yn ôl,' cynigiodd Magi Llwyd. Ac felly y bu, gyda Jac yn ysgrifennu am ei fywyd newydd yn Lloegr ac yn canmol ei le, a Magi Llwyd yn ysgrifennu yn ôl ato.

'Be wyt ti eisiau i mi ei ddweud?' holodd Magi. Yr un ateb gâi hi gan Meri Jane bob tro. 'Jyst dwed bod gen i hiraeth mawr ar ei ôl a fy mod i eisiau ei weld yn ofnadwy.'

Aeth peth amser heibio ac roedd pawb yn meddwl i Elen anghofio yn llwyr am Jac. Roedd bechgyn ifanc y fro yn ei hedmygu yn fawr ac ambell un yn ddigon hy i'w gwahodd i fynd am dro ar lan afon Conwy. Roedd hi'n ddigon parod i gydgerdded gyda'r rhai mwyaf golygus ac yn barod iawn hefyd i fwynhau ambell gusan ar noson braf o leuad.

Un bore, sawl mis wedi i Jac fynd i Loegr, cafodd Elen lythyr yn ei gwahodd i ddawns ym Mhlas Gwydir i anrhydeddu Horatio, mab Iarll Northampton oedd ar ymweliad â'r plas. 'Ond be ydw i'n mynd i wisgo?' oedd ei chwestiwn cyntaf.

Cynhyrfodd ei mam hefyd ac meddai, 'Rhaid i ti edrych dy orau, ac i ti fod yn harddach na phob un arall ar yr achlysur yma. Fe gysylltwn â Megan, y wniadwraig o Gonwy. Mae hi'n gwybod popeth am y ffasiynau diweddaraf ac yn gwybod ble i gael y defnydd gorau hefyd.'

Cysylltwyd â Megan y diwrnod hwnnw a phan gyrhaeddodd hi Gae'r Melwr roedd hi'n barod iawn ei chynghorion ynglŷn â chynllun a defnydd y wisg arbennig.

'Sidan glas golau i gyd-fynd â'ch llygaid glas; mae glas golau bob amser yn gweddu i un efo llygaid glas a gwallt golau.'

'Y gorau i Elen ni, peidiwch â phoeni am y pris,' meddai meistr Cae'r Melwr wrth gerdded i mewn i'r gegin.

Mesurwyd Elen yn ofalus a phenderfynwyd ar gown laes gyda llewys hir, fel coes oen, a botymau perlau i fyny ochr y llewys. Fe fyddai iddi wddf isel er mwyn dangos y clustlysau a'r perlau hardd yr oedd am eu gwisgo. Dau ddiwrnod cyn y ddawns cyrhaeddodd Megan gyda'r wisg orffenedig er mwyn gweld sut oedd hi'n ffitio Elen.

Roedd hi'n berffaith! Edrychai Elen yn bictiwr.

'Rownd a rownd â thi. O, dwi wedi dotio!' meddai ei mam gan guro dwylo.

Pan wawriodd y diwrnod mawr treuliodd Elen rai oriau yn gosod ei gwallt melyn yn bentyrrau cyrliog ar ei phen, yn ôl y ffasiwn diweddaraf. Gwisgodd y gadwyn o berlau drudfawr a'r clustlysau a gafodd gan ei mam. Roedd ganddi slipers sidan gwyn a bag llaw o sidan gwyn ac yna gwisgodd ei gwisg o sidan glas golau. Roedd hi'n teimlo ar ben y byd ac yn barod i gyfarfod mab yr Iarll.

Hebryngwyd hi i Blas Gwydir gan ei thad, yn y trap, a phan gerddodd i mewn i neuadd y plas trodd pawb i edrych arni a rhyfeddu at ei harddwch. Roedd sawl un o'r merched eraill yn eiddigeddus iawn ac yn siarad yn dawel â'i gilydd mewn corneli. 'Sbiwch, pwy mae hi'n feddwl ydi hi?' Dyna oedd y sibrwd.

'Drycha, dyma Horatio, mab yr Iarll, yn dod i dy gyfeiriad. Mae o'n ddigon del hefyd, yn smart ac yn unionsyth. Cofia ddawnsio efo fo os ydi o'n gofyn,' siarsiodd Angharad, un o'i ffrindiau. Mi wnaeth Horatio ofyn a dawnsiodd y ddau drwy'r min nos. Doedd gan fab yr Iarll lygaid i neb arall ond Elen. Chwyrlïodd y ddau yn hapus ym mreichiau ei gilydd tra parodd y gerddoriaeth.

Wedi'r noson fythgofiadwy honno, roedd i'n amlwg bod

Horatio wedi dotio ar Elen, a phob tro y byddai'n ffarwelio â hi, ac yn ei throi hi'n ôl am Blas Gwydir, byddai'n gofyn, 'Ga i ddod draw i dy weld ti fory?' Byddai'n gafael yn ei llaw a'i chusanu, gan edrych i fyw ei llygaid glas. Parod iawn oedd Elen i gadw cwmni i fab yr Iarll, yn wir roedd yn mwynhau'r sylw oedd yn ei gael ganddo, ond eto, doedd hi ddim yn gallu rhoi ei hun yn gyfan gwbl iddo, ond ei gadw o fewn hyd braich.

Pan ddaeth hi'n amser iddo ddychwelyd i'w gartref yn Lloegr gofynnodd i Elen a fyddai'n barod i ysgrifennu ato. Cytunodd hi ar yr amod ei fod yn ysgrifennu ati hi yn gyntaf. Am rai misoedd bu'r ddau yn llythyru'n gyson. Roedd llythyrau'r gŵr bonheddig ifanc yn mynegi ei gariad a'i ffyddlondeb tuag ati, ond un diwrnod cafodd Elen sioc ei bywyd pan dderbyniodd lythyr ganddo yn dweud nad oedd yn gallu byw hebddi ac yn gofyn iddi ei briodi!

Roedd ganddi beth teimladau tuag ato ac, o fewn misoedd, dechreuwyd paratoi tuag at briodas fawr.

'O, be wnawn ni? Does gen i ddim syniad sut i drefnu priodas mor fawr,' ochneidiodd mam Elen.

'Peidiwch â phoeni, mae fy nghariad am anfon rhai o'i weision a'i forynion, yn ogystal â rhai o'i ffrindiau, i drefnu popeth. Does rhaid i ni wneud dim,' sicrhaodd Elen.

Bu prysurdeb mawr yng Nghae'r Melwr, Plas Gwydir ac yn yr eglwys. Paratowyd y wledd yn ofalus gyda bwydydd a gwinoedd o bob math. Cytunodd Elen i'r Person gymryd y gwasanaeth yn yr iaith fain oherwydd teulu a chyfeillion ei chariad. 'Ond fydda i ddim yn deall gair o'r gwasanaeth,' meddai tad Elen. 'Na finnau chwaith,' ategodd ei mam.

Wrth addurno'r eglwys ar gyfer y briodas roedd tafodau morynion Plas Gwydir ar dân. 'Roedden ni'n gwybod y byddai hi, merch Cae'r Melwr, yn llwyddo i fachu un o'r byddigions, ond rhaid cyfaddef ei bod hi'n ddel ac yn meddwl ei hun braidd, ac yn gallu siarad Saesneg hefyd, medden nhw,' oedd sylw Siân, un o'r morynion bach oedd yn wyrdd o eiddigedd.

Penderfynwyd addurno'r eglwys efo blodau glas a gwyn. 'Mae ei llygaid cyn lased â'r awyr, ac mae ei gwallt yn andros o ddel. A dweud y gwir mae ganddi bopeth,' ategodd un arall o'r morynion.

'Mae o'n smart ac yn dal. Faswn ni ddim yn meindio noson yn y gwely efo fo,' oedd ymateb Mared, un arall o'r cwmni. Chwarddodd y criw yn uchel.

'Be ydi'r chwerthin mawr yma? Ydach chi bron â gorffen yr addurno?' holodd y Person boliog gyda gwên fawr ar ei wyneb. 'Hardd iawn yn wir,' ychwanegodd.

Roedd hi'n daith o ddiwrnod a hanner ar gefn ceffyl o gartre mab yr Iarll i Blas Gwydir. Felly dyma'r priodfab yn penderfynu cychwyn ar antur fawr ei fywyd mewn llawn bryd. Yn cyd-deithio gyda fo oedd dau was yn cludo anrhegion drudfawr i'w cyflwyno i'r briodferch ar ddiwrnod y briodas fawr a hefyd ddillad ffasiynol y priodfab ar gyfer y seremoni. Roedd criw o ffrindiau'r priodfab yn y cwmni, pob un yn cludo cleddyfau bach miniog o dan eu clogau, a hynny oherwydd eu bod wedi cael ar ddeall bod lladron pen ffordd dirifedi yma ac acw ar hyd y ffyrdd.

'Sut le ydi'r Dyffryn Conwy yma? Oes yna siawns i ni fachu ryw eneth dlos am noson o ddiddanwch?' holodd un o'r criw. 'Mae yna ddigon o rai del o gwmpas, cred ti fi. Ond y fi sydd wedi bachu y ddelaf, a fyddwch chi ddim yn deall gair maen nhw yn ei ddweud. Maen nhw i gyd yn siarad rhyw iaith ddieithr. Cofiwch, hwyrach y bydd siawns i chi gael dipyn o hwyl efo un neu ddwy ohonynt,' atebodd y priodfab. Dechreuodd pawb chwerthin a dechrau tynnu coes a betio pa un fyddai'r cyntaf ohonynt i ddenu merch ifanc i'r das wair.

Roedd trefniadau wedi eu gwneud i'r fintai aros dros nos yn Llangollen. Dyna lle y buont yn bwyta, yfed a chadw sŵn tan oriau mân y bore cyn cychwyn drannoeth ar eu taith.

Wrth deithio'r bore braf hwnnw i gyfeiriad Dyffryn Conwy a Phlas Gwydir, dyma nhw'n dal i fyny â gŵr bonheddig arall yn teithio i'r un cyfeiriad. Cyfarchodd Horatio y gŵr bonheddig a'i holi i ba gyfeiriad yr oedd yn mynd, gan ddweud ei fod o yn mynd i'w briodas i Blas Gwydir. 'Wel dyna gyd-ddigwyddiad. Dwi hefyd yn mynd i Gapel Garmon, mi adewais rwyd bysgota yno sawl blwyddyn yn ôl a dwi am chwilio glan yr afon i weld a fedra i ddod o hyd iddi,' datgelodd y gŵr dieithr. 'Wel, 'dach chi'n un rhyfedd; wnewch chi byth ddod o hyd iddi wedi'r holl flynyddoedd,' meddai Horatio. 'Gawn ni weld, hwyrach y bydda i'n lwcus,' atebodd yntau.

O'r diwedd dyma gyrraedd Capel Garmon. 'Pob hwyl i chi ar ddiwrnod eich priodas fory,' meddai'r dieithryn wrth gamu i mewn i'r dafarn wledig. 'Ac i chi hefyd, gobeithio y ffeindiwch chi eich rhwyd,' atebodd Horatio.

Wedi mynd i mewn i'r dafarn holodd y teithiwr y tafarnwr am enw a chyfeiriad Person y Plwyf. Arweiniodd y tafarnwr ef at borth yr eglwys a chan gyfeirio at y Persondy dangosodd lle roedd y Person yn byw.

'Wel, syr, sut alla i eich helpu?' meddai'r Person gan edrych yn amheus dros ei sbectol.

'Dwi am i chi fy mhriodi i a'm cariad ben bore fory am chwech o'r gloch yn yr Eglwys fach yma. Saesnes ydi hi ond pan ddaeth hi yma am dro ryw flwyddyn yn ôl, dywedodd mai yma y byddai'n hoffi i ni briodi.'

Oedodd y Person gan ofyn oedden nhw'n gwybod am y briodas fawr y diwrnod canlynol. 'O, mi fyddwn ni yno; rydan ni wedi cael gwadd,' atebodd y gŵr dieithr. Yna ychwanegodd. 'Mi dala i ddeg gini.'

Deg gini! Doedd y Person ddim yn gallu gwrthod.

Wedi i'r Person gytuno aeth y gŵr dieithr ar ei union i Gae'r Melwr yn oriau mân y bore, gan guro ar y drws a deffro'r cŵn i gyd. 'Jac! Be ti'n wneud yma a hithau heb wawrio?' holodd gŵr Cae'r Melwr gan agor cil y drws.

'Mae merch fy meistr gyda mi, Saesnes ydi hi ac rydym yn mynd i'r briodas fawr, ond yn gyntaf 'dan ni am briodi am chwech y bore 'ma, yn eglwys fach Capel Garmon. A wnewch chi wneud cymwynas â mi a rhoi fy nghariad i ffwrdd yn y briodas?'

'Wel, am mai ti sy'n gofyn, dwi'n ddigon parod i wneud,' atebodd gŵr Cae'r Melwr, ac i ffwrdd â'r ddau i gyfeiriad Capel Garmon. Roedd y rhai oedd yn aros yn y dafarn yn eu disgwyl y tu allan i'r eglwys, yn eu mysg oedd y Person, y clochydd a'r ferch ifanc fwyaf gosgeiddig a welodd gŵr Cae'r Melwr erioed. Roedd hi wedi ei gwisgo mewn gown lliw hufen a phenwisg les yn gorchuddio ei phen a'i hwyneb. Wedi i bob un fwynhau glasied o gwrw cartref yn y Persondy ymlaen â nhw i'r eglwys fach. Gyda gŵr Cae'r Melwr yn sefyll fel tad y briodferch, merch y dafarn oedd y forwyn, ffrind y priodfab oedd y gwas priodas ac roedd y Person, yn meddwl am ei ddeg gini, yn fwy na pharod i weinyddu'r gwasanaeth priodas.

'Who giveth this woman away?'

'I do, syr,' atebodd gŵr Cae'r Melwr yn ei Saesneg gorau.

Wedi iddynt wneud eu haddewidion priodasol dyma'r Person yn cyhoeddi eu bod yn ŵr a gwraig i'w gilydd.' Aeth y pâr priod hapus yn ôl i'r dafarn i fwynhau brecwast o gig moch ac wyau ffres oedd wedi ei baratoi ar eu cyfer.

Wedi cyrraedd yn ôl i Gae'r Melwr adroddodd yr hen wr yr hanes i'w wraig oedd yn ffys i gyd ac eisiau iddo wisgo ar gyfer y briodas fawr. 'Rhaid imi ddweud, roedd Jac a'i wraig newydd yn edrych yn hapus iawn. Saesnes oedd hi. Rhyfedd i Jac briodi Saesnes hefyd, yntê?' meddai ar ei ffordd i'r ystafell wely i wisgo.

Fel aeth y bore yn ei flaen, dechreuodd rhai o'r morynion priodas, a mam y briodferch, holi ble oedd Elen? Oedd hi tybed yn cael traed oer ac wedi newid ei meddwl ynglŷn â phriodi Horatio. Doedd dim sôn amdani yn unman, ddim yn ei ystafell wely, ddim yn un o ystafelloedd Cae'r Melwr. Fyddai hi byth yn barod mewn pryd. Anfonwyd rhai o'r gweision allan i chwilio adeiladau y fferm a hefyd y caeau rhag ofn ei bod wedi mynd am dro i gael ychydig o awyr iach cyn y seremoni. Roedd pawb yng Nghae'r Melwr â'u traed i fyny fel petai. Y fam yn crio, y morwynion yn crio. Beth oedd wedi digwydd i Elen? Oedd hi'n dal yn fyw? Oedd hi wedi boddi yn yr afon? Yng nghanol y twrw mawr camodd yr hen wr i ganol y gegin a gwaeddodd am dawelwch,

'Distawrwydd, distawrwydd! Dwi'n gwybod be sydd wedi digwydd. Y bore 'ma, heb yn wybod i mi, rhoddais fy merch fy hun yn wraig i Jac yn eglwys fach Capel Garmon. Welais i mo'i hwyneb hi oherwydd y gorchudd oedd yn ei chuddio. Twyllodd ei Saesneg crand fi. Elen oedd hi ac mae wedi priodi Jac, ydi yn wir. Mae hi wedi llwyddo i dwyllo ei thad ei hun!'

Aeth gwaedd fawr drwy'r gegin. Roedd pawb wedi rhyfeddu. Sut oedden nhw'n mynd i ddweud wrth fab yr Iarll? Cywilydd a thwyll.

'Peidiwch â phoeni, mi ddyweda i wrtho.' Llais Jac ydoedd, wrth gamu i mewn i'r gegin gydag Elen ar ei fraich, yn wên o glust i glust.

'Doeddwn i ddim yn caru Horatio, allwn i byth fod wedi ei briodi. Mae Jac a fi wedi caru ein gilydd ers oesoedd,' meddai Elen, gan redeg at ei rhieni a'u cofleidio.

'Na hidiwch, os na chafodd hi fab yr Iarll, fe gafodd ddyn teilwng o'i alw'n ddyn,' meddai'r hen wraig yn llawen.

Ac fel y disgwylid, buont fyw'n hapus iawn am flynyddoedd lawer.

Maelgwn Gwynedd

BERYL STEEDEN JONES

A JOHN FFRANCON GRIFFITH

Croeso ichi Eisteddfodwyr!
Croeso i'ch dychymyg hefyd!
Gyda hwnnw'n drên, gobeithio,
Awn ar daith i Aberconwy.
Dewch ar daith yn ôl drwy'r oesoedd;
'Nôl am dro drwy niwloedd amser,
'Nôl dros ysgwydd y canrifoedd –
Pymtheg canrif mewn amrantiad,
Pymtheg canrif llawn o helynt,
Llawn o ddagrau a llawenydd,
Hyder serch a breuder bywyd.

Cym'rwch hoe i wrando'n astud
Ar leferydd gwŷr a gwragedd –
Ar fân siarad gwerin Cymru.
Oni chlywch chi iaith ein calon

Wrthi'n dechrau araf 'stwyrian,

Wrthi'n dechrau magu 'denydd?

Glöyn bach yn gadael chwiler –

Chwiler caeth yr hen Frythoneg –

Mentro'i hesgyll, lliwgar, bregus,

Hedfan ar awelon amser

Tuag atom heddiw, yma.

Atom yma i'w thrysori

A'i choleddu yn ei breuder.

Codwn gwr y llen am eiliad

Ar ein gwlad yr adeg honno.

Ust! A glywch chi weddi'r mynaich,

Taer weddïau'r seintiau hwythau,

Lladmeryddion dysg a chrefydd? –

Cybi, Padarn, Illtud, Cadog –

Gwŷr â'u nod ar wella buchedd

Gwrêng a bonedd fel ei gilydd,

Cynnig iddynt iachawdwriaeth

Goruchafiaeth Teyrnas Iesu.

Hawdd i ni amgyffred felly

Sut yr aethai'r seintiau benben

Yn eu tro â'r tywysogion

Fu'n ymgiprys am uchafiaeth,

Sut y syrthiai'u dwys genhadaeth
Lawer tro ar glustiau byddar,
Clustiau byddar pendefigion
Oedd yn ymhyfrydu'n frolgar
Yn eu nerth a'u grym eu hunain.

Oedwn ysbaid, mewn dychymyg,
Yn yr oes gythryblus honno,
Yn yr oes pan ddaeth o'r gogledd
Dros y môr o fro'r Gododdin
Fintai fawr o'n hen gyndadau;
Mintai eiddgar, chwim i ryfel,
Byddin gref o'r Hen Frythoniaid –
Gwŷr â'u bryd ar yrru'r Gwyddyl
Draw o Ynys Môn a Gwynedd
Dros y dŵr yn ôl i Werddon.
Gŵr o fri, Cunedda Wledig
Oedd yn bennaeth ar y fyddin –
Yntau'n dad i wyth o feibion,
Meibion cydnerth, tywysogion,
Gwreiddyn llinach dyfai'n dderwen
I gysgodi Cymru gyfan.

Felly, yn yr oes bellennig,
Oes y saint a mebyd heniaith,
Cododd mab Cadwallon Lawhir –
Gor-ŵyr balch o hil Cunedda.
Yn ei lygaid – fflam uchelgais,
Yn ei galon – sarff cenfigen
At ei ewyrth Owain Danwyn
Wisgai'r goron yn Negannwy.
A chynlluniodd hwn anfadwaith
Sef oedd hynny, heb betruso
Drefnu cael llofruddio'i ewyrth
Ac yn syth dros gelain hwnnw
Gipio'r goron iddo'i hunan.
Ac fe'i gwnaeth yn ddidrugaredd
Er bodloni'i chwant am fawredd.
Felly daeth i hawlio'r orsedd
Unben creulon, cas, cynllwyngar
Brenin nerthol, didrugaredd –
Maglocunos… Maelgwn Gwynedd.

Ond, cyn cyrraedd oed rhyfelwr
A chyn diorseddu Owain
Beth fu hynt y Maelgwn hwnnw?
Cael ei anfon i Forgannwg –

Nythle dysg a phob gwybodaeth –
Yno, cafodd yn athrawon
Urdd mynachod mwyn Llancarfan.
Pwy fu'n meithrin yn y llencyn
Ddoniau dysg a'r celfyddydau
Egwyddorion gwâr Cristnogaeth
Ond y seintiau – Illtud, Cadog –
Gwŷr ardderchog Bro Morgannwg?
Dyna'r rhai fu'n dysgu'r bachgen;
Ceisio meithrin pob gwarineb
Fyddai'n gefn mewn dyddiau anodd,
Dim ond iddo gofio'u geiriau,
Dim ond iddo barchu'u cyngor.
Ond yn ôl ym mhair y teulu
'Nôl ym merw llys Degannwy,
Digon hawdd fu diystyru
Pwyslais gwâr ei gyn-athrawon
Ac ymroi i bob anfadwaith,
Tywallt gwaed a chwarae chwerw.

Ar y bryn gerllaw Degannwy
Safai castell Maelgwn Gwynedd,
Safai llys y brenin creulon.
Yno, fry uwchben y dyfroedd

Uwchben dyfroedd Aberconwy
Trigai'r unben, du ei galon
Trigai'r pennaeth llym, ystrywgar,
Yrrai fraw drwy gâr a gelyn.
Bu fel bwystfil yn ysgubo
Heidiau'r Gwyddyl draw o'i deyrnas
'Nôl i Werddon dros y dyfroedd –
Haeddu'r enw 'Draig yr Ynys'.
Pwy all ddirnad teithi meddwl,
Pwy all ddilyn cudd gymhellion
Unben cas â dwrn haearnaidd,
Eto garai bob rhialtwch,
Un a lanwai'i lys â miri
Canu, dawnsio, gwin a gorchest?
Tebyg oedd ei hwyliau yntau
I eithafion hin anwadal –
Weithiau heulwen, weithiau drycin,
Hindda bob yn ail â chorwynt.
Pa ryw storm yn nwfn ei enaid
Barodd iddo newid trywydd?
Ai rhyw atgof o'r hen ddyddiau
Gyda'r mynaich yn Llanilltud?
Ai gweddïau'r seintiau drosto
Ddeffrodd ddraenen ei gydwybod?

Pwy a ŵyr? Ond dyna'r hanes –
Er mor galed calon Maelgwn
Fe ddaeth drosto rith euogrwydd
A rhyw gysgod edifeirwch
Am sawl gweithred gywilyddus.

Fe ymunodd, er mawr syndod,
Â rhyw garfan o fynachod
Fel y gallai ef, drwy hynny,
Gael ymwared o'i bechodau.

Trodd ei gefn ar bob gormodedd,
Gadael rhwysg a phob moethusrwydd,
Gadael llys a'i lu cynffonwyr,
Gadael llawnder, pob rhialtwch:
Dewis gwisgo abid mynach
Ac ymgilio draw o'i deyrnas.

Ffeirio maswedd am baderau –
Treulio'i amser mewn myfyrdod
Ac, efallai, edifeirwch.

Braf yw tybio fod y brenin
Yn cydnabod ei wendidau.
Braf yw meddwl fod yr unben
Wedi dechrau dwys ystyried
A diwygio llwybrau'i fywyd.

Ond, ysywaeth, fel diflanna
Haenen eira ym mis Ebrill
Felly hefyd fwriad Maelgwn.
A chyn hir dychwelodd adre
'Nôl i'w lys a'i hen arferion
'Nôl i brofi'r hen rialtwch,
Ymdrybaeddu mewn trythyllwch
Ac ymroi i bob anfadwaith,
Hunanfalchder, twyll ac ystryw.
Gwaetha'r modd, yn achos Maelgwn
Gwlith dros dro oedd edifeirwch.
O! mor wir yr hen ddihareb
'Barcud fydd am byth yn farcud'.

Wedi bod mor hir yn fynach
Dan ddisgyblaeth lem Abaty
Lle na welsai wraig na gordderch,
Nid oedd syndod i'r un enaid
Pan briododd yn ddisymwth.
Ond perthynas chwerw-felys
A fu honno 'nôl yr hanes
A chyn hir roedd llygaid Maelgwn
Wedi sylwi ar un arall –
Gwraig a oedd i'w nai yn briod.

O'i llygadu, dechrau'i chwennych,
Ac, o'i chwennych, godinebu.
Daeth y cythraul yn ei natur
I gyniwair unwaith eto.
A chynlluniodd ysgelerder
Hynod feiddgar a dieflig,
Sef oedd hynny'n ddigydwybod
Baratoi y drosedd eithaf
O lofruddio'i wraig ei hunan,
Yna lladd ei nai diniwed,
Fel y gallai wedi hynny
Gymryd gweddw hwnnw'n briod.

Gwae y sawl a gâi ei hunan
Yn y ffordd ar lwybr unben.
Drwy bob rhwystr yr âi hwnnw –
Llwybr Maelgwn – llwybr tarw.

Ond bu llygaid craff yn gwylio,
Gwylio rhyfyg noeth y brenin.
Daeth i glustiau'r mynach Gildas
Holl weithredoedd anfad Maelgwn –
Gildas unwaith fu yn gyfaill,
Gildas unwaith welsai obaith –

Gwir addewid am a ddeuai –
Gweld ym Maelgwn egin mawredd,
Rhyw rinweddau allai dyfu'n
Wir fendithion i'r dyfodol.
Ond pan ganfu'r Gildas hwnnw
Lu pechodau'r brenin afrad –
Canfod sut oedd drain trythyllwch
Wedi tagu unrhyw rinwedd,
Yn ei siom a'i ddicter cyfiawn
Taro wnaeth â fflangell geiriau –
Geiriau'n brathu at yr asgwrn,
Geiriau'n edliw pob oferedd.
Edliw hefyd weniaith gnafaidd
Beirdd y llys yn moli Maelgwn,
Yntau'n sugno mêl eu moliant
Ac ymchwyddo yn ei falchder.
Ond os cafodd Maelgwn glywed
Am feirniadaeth ddeifiol Gildas
Ni bu effaith hynny arno
Mwy na dŵr ar blu hwyaden!
Yn ei flaen yr aeth yn llawen
Nes troi'n chwedl ynddo'i hunan.

Digon teg i chi yw gofyn

Sut y llwyddodd gŵr fel Maelgwn?

Sut y daeth y fath gymeriad

I sefydlu ei awdurdod

Dros yr holl frenhinoedd eraill?

Ym mha fodd y cafodd Maelgwn

Ddod yn ben ar diroedd Cymru?

Nid trwy haeddiant na thrwy ddewrder

Ond trwy ddyfais, gyfrwys ddirgel,

Fel y clywch chi. Dyma'r stori.

Er mwyn meithrin undod Cymru –

Cymru gyda'i mân-frenhinoedd

Fu yn cecru 'mysg ei gilydd –

Rhaid oedd dewis un ohonynt

Fyddai'n ben i lywodraethu.

Ac yn rhinwedd ei le dethol

Cododd Einion, yr hynafgwr,

Einion laes ei farf a gwargrwm,

Doethaf un o'r holl frodorion –

A datganodd yr amodau.

Mi gyfeiriodd gyda balchder

At deyrngarwch Aberconwy,

Ynys Môn a holl Eryri.

Soniodd am gadernid Gwynedd

Ers cyn oes Cunedda Wledig

Hyd at ddyddiau'r hen Gadwallon.

A heb flewyn ar ei dafod

Ac yn gadarn ei awdurdod –

Rhag bod unrhyw amryfusedd

Yn eu plith – pwysleisiodd amod.

Cyn y gellid dod yn frenin

Uwch na'r holl frenhinoedd eraill,

Rhaid cyflawni tasg go anodd.

Gorchwyl rhyfedd a osodwyd

I ddarganfod, o'r ymgeiswyr

Pwy gâi fod yn bennaeth arnynt.

Trefnwyd gornest ar lan Dyfi

I bob teyrn yng Nghymru gyfan.

Pawb â'i gadair ar y draethell

I wynebu llif y llanw

I gael gweld pa un ohonynt

Fyddai'n llwyddo i oroesi

Yn ei unfan heb i'r tonnau

Lifo drosto a'i ddymchwelyd.

Mynnai Einion mai'r un olaf

Lwyddai i aros yn ei gadair

Fyddai'n deilwng o'r anrhydedd.

Taniodd hyn uchelgais Maelgwn!
Yn ystrywgar a dichellgar
Y diflannodd hwnnw wedyn
Heb ei weld o lys y Faerdre
Lawr i'r draethell yn Negannwy
Ac i lecyn cudd rhwng twyni
Lle y gwyddai'n siŵr y tyfai
Moresg mwyaf talsyth Cymru.
Aeth o ati yn y dirgel
Heb un waith ddatgelu'i gynllun
I ymblethu'r moresg hynny;
Plethu, plethu, nes gwneud cadair –
Honno'n gadair ysgafn, hynod
Na fu iddi gynt ei thebyg.
Ar y diwrnod penodedig
Dyma'r llu o fân frenhinoedd
Yn ymgynnull hyd y glannau –
Pawb yn eistedd ar ei gadair
I wynebu llanw'r Ddyfi
A chystadlu am y gorau.

O gyfeiriad Cantre'r Gwaelod
Dros wastadedd bas Cors Fochno
Cododd gorllewinwynt nerthol

I gynhyrfu llif y llanw

Fel bod hwnnw ar ei gryfaf

Wrth y traeth yn Aberdyfi.

Credwch fi – yn ôl y stori

Roedd cadeiriau megis llynges,

Yn un rhes yn herio'r dyfroedd

Oedd yn llyfu hyd eu coesau.

A chyn hir fe welech banig

Drwy holl reng y mân frenhinoedd

Wrth i'r llanw amgylchynu

A dymchwelyd eu cadeiriau.

Pawb yn colli ei gydbwysedd,

Pawb yn troelli ben i waered,

Pawb yn wyllt yn ymbalfalu

Am y lan a gwaredigaeth!

Pawb yw hynny ond am Maelgwn…

A eisteddai yn ffroenuchel

Yn ei unfan gan grechwenu.

Er mor ffyrnig y penllanw

Nid oedd ball ar gadair hwnnw

Wnaed o foresg praff Degannwy.

Ynddi, Maelgwn yn fuddugol

Hwyliai'n braf ar ben y tonnau.

Ef yn unig o'r llu dethol

A oroesodd heb ei ddymchwel.
Ac yn ôl addewid Einion
Ef yn awr gâi hawlio'r goron –
Hawlio'r goron a gwrogaeth
Gan y llu brenhinoedd eraill.

Dichon fod y llwyddiant hwnnw
Wedi porthi balchder Maelgwn,
Porthi'i awch am gystadleuaeth
A gwneud hwyl am ben rhai eraill.
Felly'n ôl yn Aberconwy
Trefnodd gystadleuaeth enwog
Rhwng y beirdd a'r telynorion,
A gosododd y telerau.
Ar ôl gwledd yn Llys Degannwy
Fyddai'r ornest hon yn digwydd.
Hwythau'r beirdd yn plethu geiriau,
Bysedd sionc y telynorion
Ar y tannau'n creu alawon –
Pawb yn llawen, pawb mewn hwyliau –
Dyna'r gobaith, dyna'r ddelfryd!
Ond ym meddwl Maglocunos,
Meddwl gwawdlyd, dicllon Maelgwn
Tyfodd hedyn bychan cyfrwys,

Hedyn atgas barodd iddo

Osod amod newydd arall –

Amod dynnai flewyn poenus,

Cas o drwynau'i delynorion.

Yna deuai'r fuddugoliaeth,

Clod a bri i'r beirdd a'u gweniaith.

(Llawer gwell oedd gan yr unben

Wrando mawl y beirdd i'w gampau

Na rhoi clust i hen alawon

Telynorion balch eu natur,

Heb wyleidd-dra o flaen brenin.)

Gyda gwên, dyfeisiodd ystryw

Dorrai grib ei delynorion.

Dyma oedd yr amod newydd –

Cyn y wledd a'r gystadleuaeth

Byddai'n rhaid i'r holl ddiddanwyr,

Offerynwyr a phrydyddion,

Nofio aber Afon Conwy

Er mwyn cyrraedd Llys Degannwy.

Rhaid oedd dilyn y gorchymyn!

Feiddiai'r undyn groesi'r Brenin!

Mewn i'r dŵr yr aeth y fintai;

Mewn i donnau gwyllt yr aber.

Nofiai'r beirdd yn ddilyffethair

Nerth eu breichiau drwy'r llifeiriant.

Ond fe geisiai'r lleill yn ofer

Warchod tannau'u hofferynnau

Rhag y dyfroedd oedd yn bygwth

Golchi dros bob crwth a thelyn.

Hawdd dychmygu'r helynt wedyn

Ar ôl cyrraedd Llys Degannwy,

Camp a rhemp yn llenwi'r neuadd –

Hwythau'r beirdd ar ben eu digon

Wrthi'n datgan cerddi cywrain,

Wrthi'n canu clodydd Maelgwn.

Ond nid felly'r telynorion,

O! mor ofer gwaith eu bysedd

Wrthi'n ceisio cadw'u hurddas,

Wrthi'n ceisio denu alaw

O'r telynau a ddifrodwyd.

Rhoddai tannau gwlyb pob telyn

Sgrech aflafar fel cri gwylan –

Sŵn amhersain fel hen wylan

Yn crochlefain cyn ei hangau.

Gyda chrechwen mynnai Maelgwn

Mai ei feirdd oedd gwir enillwyr

Clod a bri yr ornest honno.

Ond na haeddai'r telynorion

Ddim ond gwarth a geiriau dychan.

Ymhyfrydai'r brenin nerthol
Unwaith eto yn ei glyfrwch.
Porthi'i falchder cas ei hunan
Drwy fychanu ymdrech eraill.
Am ba hyd y gallai'r unben
Ddilyn hynt mor ysgyfala?
Pa mor hir y llwyddai Maelgwn
Yn ei fuchedd greulon, afrad?
Oni ddeuai rhywun, rhywbeth
Allai darfu ar y cwbwl?
Rhywun, rhywbeth roddai derfyn
Arno fo a'i chwarae chwerw?

Draw tu hwnt i'r Môr Canoldir,
Draw uwch corsydd cynnes, afiach,
Niwloedd anfad fu'n cyniwair,
Dwys gyniwair, chwyddo, lledu,
Llyncu popeth heb drugaredd
Gan ledaenu clefyd erchyll –
Clefyd melyn, marwol, creulon;
Pla didostur, gwas marwolaeth,
Clefyd gwyllt, hebryngwr angau.

Fesul modfedd, fesul milltir
Yn ei flaen yn araf, araf,
Cripiai'r tarth gwenwynig, atgas,
Megis bwystfil brwnt a chyfrwys –
Fel anghenfil ysglyfaethus –
Troediai'n sicr a diwyro,
Malio dim am blas na bwthyn,
Malio dim am hen nac ifanc;
Gadael dim ond sŵn wylofain
Ar ei ôl ar draws y gwledydd.

Dyma'r pla at Gymru'n nesu
Ac o'i flaen fe redai'r newydd –
Pytiau'r newydd i Ddegannwy –
Gan negeswyr gwyllt eu llygaid
Yn darlunio'r hyn a welsent –
Cyrff ymhobman a sŵn griddfan
Gan y rhai mewn poen dirdynnol,
Gan y rhai wynebai'u diwedd.

A phan glywodd Maelgwn Gwynedd
Fod y Fad, y Felen ffiaidd
Yn ymgripian tuag ato
Dychryn wnaeth at waelod enaid

Ac â braw yn gwasgu'i galon

Ffodd am loches i le sanctaidd

Yn Llanrhos, rhwng muriau'r eglwys.

Yno'n crynu yn y seintwar,

Taer weddïai am ymwared

Rhag y pla a rhag ei dynged.

Ac er maint ei ofn a'i arswyd

Mentrodd grybwyll ar ei weddi

Iddo, fwy nag unwaith, roddi

Fel cymwynas hael i'r seintiau

Ddarnau tir i godi eglwys –

Llecyn hardd yn rhodd i Cybi

Draw ym Môn i ymsefydlu –

A lle braf i Deiniol yntau

Adeiladu llan ym Mangor.

Wedi rhestru'r cymwynasau

I atgoffa'r Iôr o'i haeddiant

Credai'n siŵr na allai'r Duwdod

Anwybyddu'r fath haelioni.

Byddai Duw yn mynnu'i arbed

Rhag y pla a thranc annhymig.

A dechreuodd ymwroli

Gan adennill peth o'i hyder –

Mentro tua phorth yr eglwys

Gan ryw ddisgwyl bod ei ofnau
Yn ddi-sail, a bod dihangfa
Wedi'r cyfan ar ei gyfer.
Aeth at dwll y clo i sbecian,
Pwyso'i lygad wrth yr agen –
Craffu, craffu rhwng y beddau,
Ac yn sydyn, yn ysgytwol,
Canfu ryw ddrychiolaeth felen,
Rhywbeth hyll rhwng rhith a sylwedd,
Rhyw ffieiddbeth yn ymlusgo
O'r cysgodion tuag ato.

Gwyddai'n syth fod awr ei dynged
Wedi cyrraedd, ac mewn arswyd
Fferrodd calon Maelgwn Gwynedd
Ac â chrochlef annaearol –
Crochlef ddaeth o waelod enaid –
Syrthio wnaeth i'r llawr yn gelain.

Felly, ffrindiau, dyna ddiwedd
Maglocunos – Maelgwn Gwynedd.
Bellach mae eich bryd ar fwyta –
Mynd i ddewis enllyn blasus.
Ond cyn troi ar drywydd cinio

'Rhoswch i gnoi cil am eiliad
Ar yr hyn a glywsoch yma.

Dyna braf fod pymtheg canrif
Rhyngom ni a'r fath anfadwaith,
Ystryw, twyll a phob rhyw lygredd.
Pymtheg canrif llawn o addysg,
Llawn o grefydd a diwylliant,
Llawn o foethau a phob dyfais
Ddylai feithrin pob doethineb.
Gwyn ein byd os gallwn farnu
Fod pob un sy'n llywio'r gwledydd
Heddiw'n meddu ar ragorach
Doniau a rhinweddau purach
Nag a fu mewn oesoedd cynnar.
Gwyn ein byd os gallwn gredu
Nad yw grym yn llygru bellach
A bod dwylo cryf ond tyner
Wrth y llyw i arwain gwerin
Ymhob gwlad hyd eitha'r ddaear.
Ond efallai gwell yw peidio
Mynd ar hyd y trywydd hwnnw
Rhag i mi ddifetha'ch cinio!

Dan eich bendith, tan tro nesa
Hidiwch befo... 'mlaen â'r bwyta!

£8.99